HUMANI
GENERIS
SOBRE
EVOLUCIÓN

LEERLO COMPLETA Y
SISTEMÁTICAMENTE

PADRE WARKULWIZ, M.S.S.

SENSUS FIDELIUM PRESS

Gastonia, North Carolina

Sobre el libro

Los evolucionistas católicos señalan la encíclica *Humani Generis* de 1950 del Papa Pío XII como su Carta Magna para profesar la creencia en la macroevolución. Sin embargo, no es tal cosa. Una lectura completa, cuidadosa y coherente del documento muestra que Pío XII no era amigo de la evolución. Vio claramente el peligro que representa para la fe católica. A regañadientes dio permiso a los eruditos para estudiar la noción de que el cuerpo humano procede de "materia viva preexistente", pero su permiso era muy restringido. No permitió explícitamente que los católicos consideraran la evolución del cuerpo humano como un hecho, y defendió la verdad histórica de los once primeros capítulos del Génesis.

Rev. Victor P. Warkulwiz, M.S.S. Albertus Magnus Apostolate for Religion and Science Sacerdotes Misioneros del Santísimo Sacramento Bensalem, PA

CONTENTS

SOBRE EL AUTOR

El padre Warkulwiz tiene un doctorado en Física, un máster en Divinidad y otro en Teología. Adquirió una amplia experiencia en ciencias físicas e impartió diversos cursos universitarios y de seminario sobre ciencia, filosofía y literatura antes de ser ordenado sacerdote católico por los Misioneros del Santísimo Sacramento en 1991.

Es director nacional del Apostolado para la Adoración Eucarística Perpetua y revisor teológico del Centro Kolbe para el Estudio de la Creación. Aparece en las ediciones de 2003 y 2004 de *Who's Who in America*.

Obras recientes del autor son: *The Doctrines of Genesis 1-11: A Compendium and Defense of Traditional Catholic Theology on Origins;* Editor of *St. Lawrence of Brindisi on Creation and the Fall: A Verse by Verse Commentary on Genesis 1-3*; *Universe without Space and Time: An Essay on Principles for Relational Cosmology Drawn from Catholic Tradition and Empirical* Science (Los libros están disponibles en y/o www.amazon.com.)

PRÓLOGO

La mayoría de los académicos católicos de hoy están de acuerdo con el biólogo evolucionista Kenneth Miller, de la universidad de Brown, que afirma que: Los grandes teólogos de los primeros siglos de la era cristiana, como San Agustín, no leyeron el Génesis como historia.

En realidad, cualquiera que lea lo que escribieron realmente los Padres y Doctores de la Iglesia sabe que todos ellos, incluido San Agustín, habrían derramado hasta su última gota de sangre por la verdad histórica literal de cada palabra de la historia sagrada del Génesis. Como el propio San Agustín escribió en La interpretación literal del Génesis:

La narración [en el Génesis] no está escrita en un estilo propio de la alegoría, como en el Cantar de los Cantares, sino de principio a fin en un estilo propio de la historia como en los Libros de las Crónicas.

Trágicamente, la tergiversación del Dr. Miller de la Tradición de la Iglesia sobre la historia sagrada del Génesis va de la mano de una segunda creencia muy extendida en el mundo académico católico. Como afirmó el Dr. Ken Miller durante un debate sobre los orígenes en la Universidad de Samford, a menudo se afirma que, con la encíclica Humani generis de 1950, el Papa declaró que los católicos son libres de creer y enseñar que el cuerpo humano se originó mediante un proceso natural de evolución a partir de un organismo unicelular. En realidad, esta segunda creencia generalizada es tan falsa como la primera, y quizá incluso más perjudicial.

En Humani Generis On Evolution, el teólogo y físico P. Victor Warkulwiz demuestra que una lectura cuidadosa de la encíclica mantiene la enseñanza constante de la Iglesia de que todo el Génesis, de principio a fin, es historia verdadera; y que cada palabra de la Biblia es verdadera, ya hable de fe o de moral, de historia, de ciencia natural o de cualquier otra cosa. En realidad, como explica el P. Warkulwiz, el único permiso que dio el Papa Pío XII con respecto a la evolución humana fue para que los eruditos católicos examinaran las pruebas a favor y en contra de la hipótesis evolutiva, dentro de los parámetros establecidos por el Depósito de la Fe. Así pues, la Humani generis, correctamente interpretada, deja toda la carga de la prueba donde siempre ha estado: sobre cualquiera que cuestione la verdad histórica literal de la historia sagrada del Génesis en lo que respecta a los orígenes del hombre y del universo.

Cuarenta y tres años antes de la Humani generis, el Papa San Pío X, en su encíclica Pascendi, había advertido que la Iglesia se enfrentaba ya a la peor herejía de toda la historia del cristianismo: el modernismo; e identificó "la principal doctrina de los modernistas" como la "evolución". San Pío X vio que todas las herejías anteriores habían añadido, sustraído o distorsionado algunas de las doctrinas de la Iglesia, pero habían dejado intacta la mayor parte de la Fe. El modernismo, sin embargo, era diferente, porque se basaba en la premisa de que todo evoluciona. Así, el Papa vio que si los modernistas se imponían, lo destruirían todo, porque pretenderían que la liturgia, el derecho matrimonial y las doctrinas morales de la Iglesia tendrían que adaptarse al nuevo estadio de evolución que representaba el mundo moderno.

Humani generis se ha utilizado para justificar el modernismo, bajo la falsa pretensión de que permite a los católicos creer y enseñar la evolución del microbio al hombre, y que por tanto la base evolutiva del modernismo es cierta. La lectura directa que hace el P. Victor del documento demuestra que la interpretación modernista de la encíclica es falsa, y que los católicos están obligados a aferrarse a la doctrina tradicional de la creación tal como se expone en la historia sagrada del Génesis, incluso cuando los estudiosos examinan las pruebas a favor y en contra de la hipótesis evolucionista. Cuando prevalezca la sana lectura del P. Victor de la Humani generis, podemos estar seguros de que el examen de las pruebas solicitado por el Papa Pío XII vindicará a fondo la Palabra de Dios tal como se ha entendido en la Iglesia desde el principio, incluidos los once primeros capítulos de la sagrada historia del Génesis.

17 de abril de 2024, Solemnidad de San José, Esposo de la Bienaventurada Virgen María

Hugh Owen, Director, Centro Kolbe para el Estudio de la Creación

INTRODUCCIÓN

Humani Generis (HG) es una carta encíclica publicada por el
Papa Pío XII el 12 de agosto de 1950. El título en latín significa
"El género humano" y su título completo en inglés es "Some
False Opinions which Threaten to Undermine Catholic Doctrine",
también traducido "Advertencias contra los intentos de tergiversar las
verdades católicas". Como indica el título, el Papa se refiere a opiniones
que se proponen en los círculos católicos y que son incompatibles
con las enseñanzas católicas. Estas opiniones tienen sus raíces en la
Ilustración, cuando los hombres empezaron a pensar que sus ideas
eran superiores a la Palabra de Dios expresada en la Sagrada Escritura,
la Sagrada Tradición y la enseñanza del Magisterio. Entre los temas
tratados en la encíclica están la evolución biológica y universal, que
entran en conflicto con las verdades históricas transmitidas en los once
primeros capítulos del Génesis.

    Humani Generis contiene todavía la última palabra oficial de la
Iglesia sobre la evolución, a pesar de todo el revuelo que se armó
por el discurso que el Papa Juan Pablo II pronunció en 1996 ante
la Academia Pontificia de las Ciencias (PAS). En ese discurso, Juan
Pablo II dijo que la teoría de la evolución es más que una hipótesis.
Algunos han interpretado que esto significa que la Iglesia ha aceptado

oficialmente la evolución de las especies como un hecho o, al menos, que no es perjudicial creer que la evolución de las especies es un hecho.

Esto no es cierto. El Papa dejó muy claro al principio de su discurso que se trataba de un diálogo entre la Iglesia y la ciencia. No implicaba ningún desarrollo doctrinal. El discurso contenía algunas reflexiones sobre la cuestión de la evolución, y no se presentaban como vinculantes para los fieles. Además, las reflexiones del Papa estaban teñidas por la información que le proporcionaron los miembros del PAS, que eran exclusivamente evolucionistas de una u otra forma.

En esa charla, el Papa no llegó a avalar explícitamente la evolución como un hecho, pero sí le dio más credibilidad de la que merece. E incluso si el Papa profesara la creencia en la evolución como un hecho, eso no podría interpretarse como un desarrollo del dogma porque no sería una declaración sobre la fe y la moral, sino una sobre la ciencia natural, que está fuera del ámbito de su autoridad.

A pesar de la credibilidad que el Papa dio a la teoría de la evolución, su declaración no mitiga su nocividad. Su nocividad reside principalmente en el espíritu ateo con el que fue concebida y es promulgada, y en la pérdida de confianza en la Sagrada Escritura que ha engendrado. La inyección de Dios en el proceso por parte de los evolucionistas teístas no borra el espíritu esencialmente ateo de la teoría de la evolución. Los evolucionistas ateos lo ven como un compromiso de los teístas que han sucumbido a su propaganda. Los ateos siguen completamente cómodos con su creencia de que la evolución es una explicación sin Dios autoconsistente del origen de las cosas.

Muchos católicos parecen pensar que todo lo que la Iglesia ha dicho alguna vez sobre la evolución está contenido en el párrafo 36 de *Humani Generis*, del que hablaremos más adelante. Malinterpretan ese pasaje y lo convierten en una Carta Magna que da libertad a

los católicos para profesar y promover la creencia en la evolución
biológica, lo que ciertamente no es. Hay mucho más en la encíclica que
se refiere a la teoría de la evolución, aunque no siempre se mencione
la palabra "evolución", que muestra que las nociones de evolución
biológica y universal no son creencias respetables para los católicos.
Esto saldrá a la luz cuando examinemos extractos de la HG que se
refieren a la teoría de la evolución.

Por último, las afirmaciones del *Catecismo* de la Iglesia Católica
sobre la cuestión de la evolución deben interpretarse a la luz
de *Humani Generis* y de otras enseñanzas oficiales de la Iglesia.
El *Catecismo de* la Iglesia Católica es un compendio de la
doctrina católica. No pretende introducir nueva doctrina o nuevas
interpretaciones de la doctrina.

HUMANI GENERIS

ENCÍCLICA HUMANI GENERIS DEL SANTO PADRE PÍO XII A NUESTROS VENERABLES HERMANOS, PATRIARCAS, PRIMADOS, ARZOBISPOS, OBISPOS Y DEMÁS ORDINARIOS LOCALES QUE GOZAN DE PAZ Y COMUNIÓN CON LA SANTA SEDE, ACERCA DE ALGUNAS FALSAS OPINIONES QUE AMENAZAN SOCAVAR LOS FUNDAMENTOS DE LA DOCTRINA CATÓLICA

Venerables hermanos, saludos y bendición apostólica

1. El desacuerdo y el error entre los hombres sobre cuestiones morales y religiosas han sido siempre causa de profundo dolor para todos los hombres de bien, pero sobre todo para los verdaderos y leales

hijos de la Iglesia, especialmente hoy, cuando vemos que los principios de la cultura cristiana son atacados por todas partes.

2. No es de extrañar que tales discordias y errores hayan existido siempre fuera del redil de Cristo. Porque aunque, hablando en términos absolutos, la razón humana, por su propia fuerza y luz naturales, puede llegar a un conocimiento verdadero y cierto del Dios único y personal, que por su providencia vela y gobierna el mundo, y también de la ley natural, que el Creador ha escrito en nuestros corazones, no son pocos los obstáculos que impiden a la razón hacer un uso eficaz y fecundo de su capacidad natural. Las verdades que tienen que ver con Dios y con las relaciones entre Dios y los hombres, sobrepasan completamente el orden sensible y exigen entrega y abnegación para ser puestas en práctica e influir en la vida práctica. Ahora bien, el intelecto humano, para llegar al conocimiento de tales verdades, se ve obstaculizado tanto por la actividad de los sentidos y de la imaginación, como por las malas pasiones derivadas del pecado original. De ahí que los hombres se persuadan fácilmente en tales materias de que lo que no quieren creer es falso o, al menos, dudoso.

3. Es por esta razón que la revelación divina debe considerarse moralmente necesaria para que aquellas verdades religiosas y morales que por su naturaleza no están fuera del alcance de la razón en la condición actual del género humano, puedan ser conocidas por todos los medios fácilmente con una firme certeza y con libertad de todo error[1].

4. Además, la inteligencia humana experimenta a veces dificultades para formarse un juicio acerca de la credibilidad de la fe católica, a pesar de los muchos y maravillosos signos externos que Dios ha dado, los cuales son suficientes para probar con certeza, por la sola luz natural de la razón, el origen divino de la religión cristiana. Pues el hombre

puede, ya sea por prejuicio, ya por pasión, ya por mala fe, rechazar y resistir no sólo la evidencia de las pruebas externas disponibles, sino también los impulsos de la gracia actual.

5. Si alguien examina el estado de cosas fuera del redil cristiano, descubrirá fácilmente las tendencias de principio que siguen no pocos hombres cultos. Algunos sostienen imprudente e indiscretamente que la evolución, que no ha sido plenamente probada ni siquiera en el dominio de las ciencias naturales, explica el origen de todas las cosas, y apoyan audazmente la opinión monista y panteísta de que el mundo está en continua evolución. Los comunistas suscriben gustosos esta opinión para que, cuando las almas de los hombres hayan sido privadas de toda idea de un Dios personal, puedan defender y propagar con mayor eficacia su materialismo dialéctico.

6. Tales postulados ficticios de la evolución, que repudian todo lo que es absoluto, firme e inmutable, han preparado el camino a la nueva filosofía errónea que, rivalizando con el idealismo, el inmanentismo y el pragmatismo, ha asumido el nombre de existencialismo, puesto que sólo se ocupa de la existencia de las cosas individuales y descuida toda consideración de sus esencias inmutables.

7. Existe también un cierto historicismo, que atribuyendo valor sólo a los acontecimientos de la vida del hombre, derriba el fundamento de toda verdad y ley absoluta, tanto en el plano de las especulaciones filosóficas como especialmente a los dogmas cristianos.

8. En toda esta confusión de opiniones, nos consuela ver a los antiguos partidarios del racionalismo desear hoy con frecuencia volver a la fuente de la verdad divinamente comunicada, y reconocer y profesar la palabra de Dios contenida en la Sagrada Escritura como fundamento de la enseñanza religiosa. Pero al mismo tiempo es de lamentar que no pocos de éstos, cuanto más firmemente aceptan la palabra de Dios, tanto más disminuyen el valor de la razón humana,

y cuanto más exaltan la autoridad de Dios Revelador, tanto más severamente desdeñan el oficio docente de la Iglesia, que ha sido instituida por Cristo, Nuestro Señor, para conservar e interpretar la revelación divina. Esta actitud no sólo está en clara contradicción con la Sagrada Escritura, sino que también la experiencia demuestra que es falsa. Pues a menudo los que discrepan de la verdadera Iglesia se quejan abiertamente de su desacuerdo en cuestiones de dogma y dan así testimonio involuntario de la necesidad de una Autoridad Docente viva.

9. Ahora bien, los teólogos y filósofos católicos, cuyo grave deber es defender la verdad natural y sobrenatural e infundirla en el corazón de los hombres, no pueden permitirse ignorar o descuidar estas opiniones más o menos erróneas. Por el contrario, deben llegar a comprender bien estas mismas teorías, tanto porque las enfermedades no se tratan debidamente si no se diagnostican correctamente, como porque a veces incluso en estas teorías falsas se contiene una cierta cantidad de verdad, y, finalmente, porque estas teorías provocan discusiones y evaluaciones más sutiles de las verdades filosóficas y teológicas.

10. Si los filósofos y los teólogos se esforzaran únicamente en sacar tal provecho del examen atento de estas doctrinas, no habría razón para ninguna intervención de la Autoridad Docente de la Iglesia. Sin embargo, aunque Sabemos que los maestros católicos evitan generalmente estos errores, es evidente, sin embargo, que algunos hoy, como en los tiempos apostólicos, deseosos de novedad, y temiendo ser considerados ignorantes de los recientes descubrimientos científicos, tratan de apartarse de la sagrada Autoridad Docente y, en consecuencia, corren el peligro de apartarse gradualmente de la verdad revelada y de arrastrar a otros junto con ellos al error.

11. Se percibe otro peligro tanto más grave cuanto que está más oculto bajo la máscara de la virtud. Hay muchos que, deplorando

el desacuerdo entre los hombres y la confusión intelectual, por un imprudente celo por las almas, se sienten impulsados por un grande y ardiente deseo de suprimir la barrera que divide a los hombres buenos y honrados; éstos propugnan un "eirenismo" según el cual, dejando a un lado las cuestiones que dividen a los hombres, se proponen no sólo unir sus fuerzas para rechazar los ataques del ateísmo, sino también conciliar las cosas opuestas entre sí en el campo del dogma. Y así como en otros tiempos algunos se preguntaban si la apologética tradicional de la Iglesia no constituía un obstáculo más bien que una ayuda para ganar almas para Cristo, así hoy algunos son lo bastante presuntuosos para preguntarse seriamente si la teología y los métodos teológicos, tales como con la aprobación de la autoridad eclesiástica se encuentran en nuestras escuelas, no sólo deben ser perfeccionados, sino también completamente reformados, a fin de promover la propagación más eficaz del reino de Cristo por todas partes en el mundo entre los hombres de toda cultura y opinión religiosa.

12. Ahora bien, si éstas sólo tuvieran por objeto adaptar la enseñanza y los métodos eclesiásticos a las condiciones y exigencias modernas, mediante la introducción de algunas explicaciones nuevas, apenas habría motivo de alarma. Pero algunos por el entusiasmo de un "eirenismo" imprudente parecen considerar como un obstáculo para el restablecimiento de la unión fraterna, las cosas fundadas en las leyes y principios dados por Cristo y asimismo en las instituciones fundadas por El, o que son la defensa y el sostén de la integridad de la fe, y cuya supresión traería consigo la unión de todos, pero sólo para su destrucción.

13. Estas nuevas opiniones, ya provengan de un reprobable deseo de novedad, ya de un motivo loable, no siempre se exponen en el mismo grado, ni con igual claridad, ni en los mismos términos, ni siempre con acuerdo unánime de sus autores. Teorías que hoy son expuestas

más bien disimuladamente por algunos, no sin cautelas y distinciones, mañana son proclamadas abiertamente y sin moderación por otros más audaces, causando escándalo a muchos, especialmente entre el clero joven y en detrimento de la autoridad eclesiástica. Aunque suelen ser más prudentes en sus obras publicadas, se expresan más abiertamente en sus escritos destinados a la circulación privada y en conferencias y charlas. Además, estas opiniones se difunden no sólo entre los miembros del clero y en los seminarios e instituciones religiosas, sino también entre los laicos, y especialmente entre quienes se dedican a la enseñanza de la juventud.

14. En teología algunos quieren reducir al mínimo el significado de los dogmas; y liberar al dogma mismo de la terminología establecida desde hace mucho tiempo en la Iglesia y de los conceptos filosóficos sostenidos por los maestros católicos, para llevar a cabo un retorno en la explicación de la doctrina católica al modo de hablar usado en la Sagrada Escritura y por los Padres de la Iglesia. Abrigan la esperanza de que cuando el dogma sea despojado de los elementos que ellos consideran extrínsecos a la revelación divina, se comparará ventajosamente con las opiniones dogmáticas de los que están separados de la unidad de la Iglesia y que de este modo llegarán gradualmente a una asimilación mutua del dogma católico con los postulados de los disidentes.

15. Además, afirman que cuando la doctrina católica haya sido reducida a esta condición, se encontrará un camino para satisfacer las necesidades modernas, que permitirá que el dogma sea expresado también por los conceptos de la filosofía moderna, ya sea del inmanentismo o del idealismo o del existencialismo o de cualquier otro sistema. Algunos más audaces afirman que esto puede y debe hacerse, porque sostienen que los misterios de la fe nunca se expresan con conceptos verdaderamente adecuados, sino sólo con nociones

aproximadas y siempre cambiantes, en las que la verdad se expresa hasta cierto punto, pero está necesariamente distorsionada. Por lo tanto, no consideran absurdo, sino totalmente necesario, que la teología sustituya los conceptos antiguos por otros nuevos, de acuerdo con las diversas filosofías que, con el paso del tiempo, utiliza como instrumentos, de modo que dé expresión humana a las verdades divinas de diversas maneras, incluso algo opuestas, pero equivalentes, como dicen. Añaden que la historia de los dogmas consiste en dar cuenta de las diversas formas de que se ha revestido la verdad revelada, formas que se han sucedido de acuerdo con las diferentes enseñanzas y opiniones surgidas en el curso de los siglos.

16. Es evidente, por lo que ya hemos dicho, que tales tentativas no sólo conducen a lo que llaman relativismo dogmático, sino que en realidad lo contienen. El desprecio de la doctrina comúnmente enseñada y de los términos en que se expresa lo favorecen fuertemente. Todo el mundo es consciente de que la terminología empleada en las escuelas e incluso la utilizada por la Autoridad Docente de la propia Iglesia es susceptible de ser perfeccionada y pulida; y sabemos también que la propia Iglesia no siempre ha utilizado los mismos términos de la misma manera. Es también manifiesto que la Iglesia no puede vincularse a todos los sistemas filosóficos que han existido durante un breve espacio de tiempo. Sin embargo, las cosas que han sido compuestas a través del esfuerzo común de los maestros católicos en el curso de los siglos para lograr una cierta comprensión del dogma no se basan ciertamente en ninguna base tan débil. Estas cosas se basan en principios y nociones deducidos de un verdadero conocimiento de las cosas creadas. En el proceso de deducción, este conocimiento, como una estrella, iluminó la mente humana a través de la Iglesia. De ahí que no sea sorprendente que algunas de estas nociones no sólo hayan sido

utilizadas por los Concilios Oecuménicos, sino incluso sancionadas por ellos, por lo que es erróneo apartarse de ellas.

17. De ahí que descuidar, o rechazar, o devaluar tantos y tan grandes recursos que han sido concebidos, expresados y perfeccionados tantas veces por el trabajo secular de hombres dotados de talento y santidad no comunes, trabajando bajo la supervisión vigilante del santo magisterio y con la luz y dirección del Espíritu Santo para exponer cada vez con mayor exactitud las verdades de la fe, hacer esto para que estas cosas puedan ser reemplazadas por nociones conjeturales y por algunos principios sin forma e inestables de una nueva filosofía, principios que, como las flores del campo, existen hoy y mueren mañana; Esto es imprudencia suprema y algo que haría del dogma mismo una caña sacudida por el viento. El desprecio de los términos y nociones usados habitualmente por los teólogos escolásticos conduce por sí mismo al debilitamiento de lo que ellos llaman teología especulativa, disciplina que estos hombres consideran desprovista de verdadera certeza porque se basa en razonamientos teológicos.

18. 18. Desgraciadamente, estos partidarios de la novedad pasan fácilmente del desprecio de la teología escolástica al olvido e incluso al desprecio de la Autoridad Docente de la misma Iglesia, que aprueba con tanta autoridad la teología escolástica. Esta Autoridad Docente es representada por ellos como un estorbo para el progreso y un obstáculo en el camino de la ciencia. Algunos no católicos la consideran como una restricción injusta que impide a algunos teólogos más cualificados reformar su materia. Y aunque este sagrado Oficio de Maestro en materia de fe y costumbres debe ser el criterio próximo y universal de la verdad para todos los teólogos, puesto que a él ha sido confiado por Cristo Nuestro Señor todo el depósito de la fe -la Sagrada Escritura y la divina Tradición- para ser conservado,

custodiado e interpretado, sin embargo, el deber que incumbe a los fieles de huir también de los errores que más o menos se acercan a la herejía y, en consecuencia, "guardar también las constituciones y decretos por los que tales malas opiniones son proscritas y prohibidas por la Santa Sede"[2], es a veces tan poco conocido como si no existiera. Lo que se expone en las Cartas Encíclicas de los Romanos Pontífices acerca de la naturaleza y constitución de la Iglesia, es deliberada y habitualmente descuidado por algunos con la idea de dar fuerza a cierta vaga noción que profesan haber encontrado en los antiguos Padres, especialmente en los griegos. Los Papas, afirman, no quieren juzgar sobre lo que es materia de disputa entre los teólogos, por lo que debe recurrirse a las fuentes primitivas, y las recientes constituciones y decretos de la Iglesia Docente deben explicarse a partir de los escritos de los antiguos.

19. Aunque estas cosas parezcan bien dichas, no están exentas de error. Es verdad que los Papas generalmente dejan libres a los teólogos en aquellas materias que son discutidas de diversas maneras por hombres de muy alta autoridad en este campo; pero la historia enseña que muchas materias que antes estaban abiertas a discusión, ya no admiten discusión.

20. Tampoco debe pensarse que lo que se expone en las Cartas Encíclicas no exige por sí mismo el consentimiento, puesto que al escribir tales Cartas los Papas no ejercen el poder supremo de su Autoridad Docente. Pues estos asuntos se enseñan con la autoridad ordinaria de enseñanza, de la cual es verdad decir: "El que a vosotros oye, a mí me oye";[3] y generalmente lo que se expone e inculca en las Cartas Encíclicas ya por otras razones pertenece a la doctrina católica. Pero si los Sumos Pontífices en sus documentos oficiales juzgan a propósito una cuestión hasta entonces discutida, es obvio que esa cuestión, según la mente y la voluntad de los Pontífices, no

puede considerarse ya como una cuestión abierta a la discusión entre teólogos.

21. Además, cada una de las fuentes de la doctrina divinamente revelada contiene tantos y tan ricos tesoros de verdad, que en realidad nunca se pueden agotar. De ahí que la teología, mediante el estudio de sus fuentes sagradas, permanezca siempre fresca; en cambio, la especulación que descuida una búsqueda más profunda en el depósito de la fe, resulta estéril, como sabemos por experiencia. Por esta razón, ni siquiera la teología positiva puede equipararse a la ciencia meramente histórica. En efecto, junto a las fuentes de la teología positiva, Dios ha dado a su Iglesia un Magisterio vivo para dilucidar y explicar lo que el depósito de la fe contiene sólo oscura e implícitamente. Este depósito de la fe nuestro Divino Redentor lo ha dado para su interpretación auténtica no a cada uno de los fieles, ni siquiera a los teólogos, sino sólo a la Autoridad Docente de la Iglesia. Pero si la Iglesia ejerce esta función de enseñanza, como lo ha hecho a menudo a lo largo de los siglos, ya sea de modo ordinario o extraordinario, es evidente cuán falso es un procedimiento que pretenda explicar lo que es claro por medio de lo que es oscuro. De hecho, debe utilizarse el procedimiento opuesto. De ahí que Nuestro Predecesor de inmortal memoria, Pío IX, enseñando que el más noble oficio de la teología es mostrar cómo una doctrina definida por la Iglesia está contenida en las fuentes de la revelación, añadiera estas palabras, y con muy buena razón: "en aquel sentido en que ha sido definida por la Iglesia."

22. Volviendo, sin embargo, a las nuevas opiniones antes mencionadas, algunas cosas son propuestas o sugeridas por algunos incluso contra la autoría divina de la Sagrada Escritura. En efecto, algunos llegan a pervertir el sentido de la definición del Concilio Vaticano, según la cual Dios es el autor de la Sagrada Escritura, y

vuelven a proponer la opinión, ya muchas veces condenada, que afirma que la inmunidad de error se extiende sólo a las partes de la Biblia que tratan de Dios o de cuestiones morales y religiosas. Incluso hablan erróneamente de un sentido humano de las Escrituras, bajo el cual se oculta un sentido divino que, según ellos, es el único infalible. Al interpretar las Escrituras, no tienen en cuenta la analogía de la fe y la Tradición de la Iglesia. Así juzgan la doctrina de los Padres y de la Iglesia Docente por la norma de la Sagrada Escritura, interpretada por la razón puramente humana de los exegetas, en vez de explicar la Sagrada Escritura según la mente de la Iglesia que Cristo Nuestro Señor ha nombrado guardiana e intérprete de todo el depósito de la verdad divinamente revelada.

23. Además, según sus ficticias opiniones, el sentido literal de la Sagrada Escritura y su explicación, cuidadosamente elaborados bajo la vigilancia de la Iglesia por tantos grandes exegetas, deben ceder ahora el paso a una nueva exégesis, que ellos se complacen en llamar simbólica o espiritual. Por medio de esta nueva exégesis del Antiguo Testamento, que hoy en la Iglesia es un libro sellado, sería finalmente abierto a todos los fieles. Por este método, dicen, desaparecen todas las dificultades, dificultades que sólo estorban a los que se adhieren al sentido literal de las Escrituras.

24. Todos ven cuán ajeno es todo esto a los principios y normas de interpretación rectamente fijados por nuestros predecesores de feliz memoria, León XIII en su Encíclica "Providentissimus Deus", y Benedicto XV en la Encíclica "Spiritus Paraclitus", como también por Nosotros mismos en la Encíclica "Divino Afflante Spiritu".

25. No es de extrañar que novedades de este género hayan dado ya sus frutos mortales en casi todas las ramas de la teología. Ahora se duda que la razón humana, sin la revelación divina y el auxilio de la gracia divina, pueda, con argumentos sacados del universo creado, probar la

existencia de un Dios personal; se niega que el mundo haya tenido principio; se sostiene que la creación del mundo es necesaria, puesto que procede de la necesaria liberalidad del amor divino; se niega que Dios tenga eterna e infalible presciencia de las acciones libres de los hombres -todo esto en contradicción con los decretos del Concilio Vaticano[5].

26. Algunos ponen también en duda que los ángeles sean seres personales, y que la materia y el espíritu difieran esencialmente. Otros destruyen la gratuidad del orden sobrenatural, pues Dios, dicen, no puede crear seres intelectuales sin ordenarlos y llamarlos a la visión beatífica. Y esto no es todo. Haciendo caso omiso del Concilio de Trento, algunos pervierten el concepto mismo de pecado original, junto con el concepto de pecado en general como ofensa a Dios, así como la idea de la satisfacción realizada por nosotros por Cristo. Algunos incluso dicen que la doctrina de la transubstanciación, basada en una anticuada noción filosófica de sustancia, debería ser modificada de tal modo que la presencia real de Cristo en la Sagrada Eucaristía quedase reducida a una especie de simbolismo, por el cual las especies consagradas serían meros signos eficaces de la presencia espiritual de Cristo y de su íntima unión con los fieles miembros de su Cuerpo Místico.

27. Algunos dicen que no están obligados por la doctrina, explicada en Nuestra Carta Encíclica de hace unos años, y basada en las Fuentes de la Revelación, que enseña que el Cuerpo Místico de Cristo y la Iglesia Católica Romana son una y la misma cosa[6]. Algunos reducen a una fórmula sin sentido la necesidad de pertenecer a la verdadera Iglesia para obtener la salvación eterna. Otros, finalmente, menosprecian el carácter razonable de la credibilidad de la fe cristiana.

28. Estos y otros errores semejantes, es evidente, se han introducido entre algunos de Nuestros hijos, engañados por un celo imprudente

por las almas o por una ciencia falsa. A ellos nos vemos obligados con dolor a repetir una vez más verdades ya bien conocidas, y a señalar con solicitud errores claros y peligros de error.

29. Es bien conocido el alto concepto que la Iglesia tiene de la razón humana, pues a ella corresponde demostrar con certeza la existencia de Dios, personal y uno; probar sin lugar a dudas por signos divinos los fundamentos mismos de la fe cristiana; expresar adecuadamente la ley que el Creador ha impreso en el corazón de los hombres; y, finalmente, alcanzar alguna noción, por cierto muy fecunda, de los misterios. [7] Pero la razón sólo puede desempeñar bien y con seguridad estas funciones cuando está debidamente adiestrada, es decir, cuando está imbuida de esa sana filosofía que ha sido durante mucho tiempo, por así decirlo, un patrimonio transmitido por las primeras edades cristianas, y que además posee una autoridad de orden aún más elevado, puesto que la Autoridad Docente de la Iglesia, a la luz de la misma revelación divina, ha ponderado sus postulados fundamentales, que han sido elaborados y definidos poco a poco por hombres de gran genio. Pues esta filosofía, reconocida y aceptada por la Iglesia, salvaguarda la genuina validez del conocimiento humano, los inconmovibles principios metafísicos de razón suficiente, causalidad y finalidad y, finalmente, la capacidad de la mente para alcanzar la verdad cierta e inmutable.

30. Por supuesto, esta filosofía se ocupa de muchas cosas que no tocan ni directa ni indirectamente la fe o la moral, y que, en consecuencia, la Iglesia deja a la libre discusión de los expertos. Pero esto no vale para muchas otras cosas, especialmente para aquellos principios y dogmas fundamentales a los que acabamos de referirnos. Sin embargo, aun en estas cuestiones fundamentales, podemos revestir nuestra filosofía con un vestido más conveniente y más rico, hacerla más vigorosa con una terminología más eficaz, despojarla de ciertas

ayudas escolásticas que se encuentran menos útiles, enriquecerla prudentemente con los frutos del progreso de la mente humana. Pero nunca podemos derrocarla, ni contaminarla con falsos principios, ni considerarla como una gran reliquia, pero obsoleta. Porque la verdad y su expresión filosófica no pueden cambiar de día en día, y menos cuando se trata de principios evidentes de la mente humana o de aquellas proposiciones que se apoyan en la sabiduría de los siglos y en la revelación divina. Cualquier verdad nueva que la mente humana sincera sea capaz de encontrar, ciertamente no puede oponerse a la verdad ya adquirida, puesto que Dios, la Verdad suprema, ha creado y guía el intelecto humano, no para que pueda oponer diariamente nuevas verdades a las correctamente establecidas, sino más bien para que, habiendo eliminado los errores que puedan haberse deslizado, pueda construir verdad sobre verdad en el mismo orden y estructura que existen en la realidad, la fuente de la verdad. Por tanto, ningún cristiano, sea filósofo o teólogo, abrace con avidez y ligereza cualquier novedad que se le ocurra de día en día, sino más bien pésela con esmerado cuidado y juicio equilibrado, no sea que pierda o corrompa la verdad que ya tiene, con grave peligro y daño para su fe.

31. Si se considera bien todo esto, se verá fácilmente por qué la Iglesia exige que los futuros sacerdotes sean instruidos en filosofía "según el método, doctrina y principios del Doctor Angélico"[8], pues, como bien sabemos por la experiencia de los siglos, el método del Aquinate es singularmente preeminente tanto para enseñar a los estudiantes como para sacar a luz la verdad; su doctrina está en armonía con la Revelación divina, y es sumamente eficaz tanto para salvaguardar el fundamento de la fe como para recoger, con seguridad y utilidad, los frutos de un sano progreso[9].

32. Cuán deplorable es, pues, que esta filosofía, recibida y honrada por la Iglesia, sea despreciada por algunos, que la llaman

desvergonzadamente anticuada en su forma y racionalista, según dicen, en su método de pensamiento. Dicen que esta filosofía sostiene la noción errónea de que puede haber una metafísica que sea absolutamente verdadera; mientras que de hecho, dicen, la realidad, especialmente la realidad trascendente, no puede expresarse mejor que mediante enseñanzas dispares, que se completan mutuamente, aunque en cierto modo se oponen entre sí. Nuestra filosofía tradicional, pues, con su exposición y solución claras de las cuestiones, su definición precisa de los términos, sus distinciones nítidas, puede ser, admiten, útil como preparación para la teología escolástica, una preparación bastante acorde con la mentalidad medieval; pero esta filosofía difícilmente ofrece un método de filosofar adecuado a las necesidades de nuestra cultura moderna. Alegan, finalmente, que nuestra filosofía perenne es sólo una filosofía de esencias inmutables, mientras que la mente contemporánea debe mirar a la existencia de las cosas y a la vida, que está siempre en flujo. Mientras desprecian nuestra filosofía, ensalzan otras filosofías de todo tipo, antiguas y modernas, orientales y occidentales, con lo que parecen dar a entender que cualquier tipo de filosofía o teoría, con algunas adiciones y correcciones si es necesario, puede reconciliarse con el dogma católico. Ningún católico puede dudar de la falsedad de esto, especialmente cuando se trata de esas teorías ficticias que llaman inmanentismo, o idealismo o materialismo, ya sea histórico o dialéctico, o incluso existencialismo, ya sea ateo o simplemente del tipo que niega la validez de la razón en el campo de la metafísica.

33. Por último, reprochan a esta filosofía enseñada en nuestras escuelas que sólo considere el intelecto en el proceso de cognición, descuidando la función de la voluntad y de las emociones. Esto es sencillamente falso. La filosofía cristiana nunca ha negado la utilidad y eficacia de las buenas disposiciones del alma para percibir y abrazar

las verdades morales y religiosas. De hecho, siempre ha enseñado que la falta de estas disposiciones de buena voluntad puede ser la razón por la que el intelecto, influenciado por las pasiones y las malas inclinaciones, puede estar tan oscurecido que no puede ver con claridad. En efecto, Santo Tomás sostiene que el intelecto puede percibir de algún modo los bienes superiores del orden moral, ya sean naturales o sobrenaturales, en cuanto experimenta una cierta "connaturalidad" con estos bienes, ya sea esta "connaturalidad" puramente natural, ya sea fruto de la gracia[10]; y es evidente cuánto puede ayudar a la razón en sus investigaciones incluso esta percepción un tanto oscura. Pero una cosa es admitir el poder de las disposiciones de la voluntad para ayudar a la razón a adquirir un conocimiento más cierto y firme de las verdades morales, y otra muy distinta decir, como hacen estos innovadores, mezclando indistintamente cognición y acto de voluntad, que las facultades apetitivas y afectivas tienen un cierto poder de entendimiento, y que el hombre, como no puede mediante el uso de su razón decidir con certeza lo que es verdadero y ha de ser aceptado, recurre a su voluntad, por la cual elige libremente entre opiniones opuestas.

34. No es de extrañar que estas nuevas opiniones pongan en peligro las dos ciencias filosóficas que por su propia naturaleza están estrechamente relacionadas con la doctrina de la fe, es decir, la teodicea y la ética; sostienen que la función de estas dos ciencias no es demostrar con certeza nada acerca de Dios o de cualquier otro ser trascendental, sino más bien mostrar que las verdades que la fe enseña sobre un Dios personal y sobre sus preceptos, son perfectamente coherentes con las necesidades de la vida y por lo tanto deben ser aceptadas por todos, con el fin de evitar la desesperación y alcanzar la salvación eterna. Todas estas opiniones y afirmaciones son abiertamente contrarias a los documentos de Nuestros Predecesores León XIII y Pío X, y no

pueden conciliarse con los decretos del Concilio Vaticano. En efecto, no sería necesario deplorar estas aberraciones de la verdad, si todos, incluso en el campo de la filosofía, dirigieran su atención con la debida reverencia a la Autoridad Docente de la Iglesia, que por institución divina tiene la misión no sólo de custodiar e interpretar el depósito de la verdad divinamente revelada, sino también de vigilar las mismas ciencias filosóficas, a fin de que los dogmas católicos no sufran ningún daño a causa de opiniones erróneas.

35. Nos queda ahora hablar de aquellas cuestiones que, aunque pertenecen a las ciencias positivas, están, sin embargo, más o menos relacionadas con las verdades de la fe cristiana. En efecto, no pocos piden insistentemente que la religión católica tenga en cuenta lo más posible estas ciencias. Esto sería ciertamente loable en el caso de hechos claramente probados; pero hay que ser prudentes cuando se trata más bien de hipótesis, que tienen algún fundamento científico, en las que está implicada la doctrina contenida en la Sagrada Escritura o en la Tradición. Si tales opiniones conjeturales se oponen directa o indirectamente a la doctrina revelada por Dios, de ningún modo puede admitirse la exigencia de que sean reconocidas.

36. Por estas razones, la Autoridad Docente de la Iglesia no prohíbe que, conforme al estado actual de las ciencias humanas y de la sagrada teología, se lleven a cabo investigaciones y discusiones, por parte de hombres experimentados en ambos campos, acerca de la doctrina de la evolución, en cuanto indaga sobre el origen del cuerpo humano como procedente de materia preexistente y viva -pues la fe católica nos obliga a sostener que las almas son creadas inmediatamente por Dios-. Sin embargo, esto debe hacerse de tal manera que las razones de ambas opiniones, es decir, las favorables y las desfavorables a la evolución, sean sopesadas y juzgadas con la seriedad, moderación y mesura necesarias, y siempre que todos estén dispuestos

a someterse al juicio de la Iglesia, a quien Cristo ha encomendado la misión de interpretar auténticamente las Sagradas Escrituras y de defender los dogmas de la fe. [11] Algunos, sin embargo, transgreden precipitadamente esta libertad de discusión, cuando actúan como si el origen del cuerpo humano a partir de materia preexistente y viva estuviera ya completamente cierto y probado por los hechos que se han descubierto hasta ahora y por el razonamiento sobre esos hechos, y como si no hubiera nada en las fuentes de la revelación divina que exija la mayor moderación y cautela en esta cuestión.

37. Cuando, sin embargo, se trata de otra opinión conjetural, a saber, el poligenismo, los hijos de la Iglesia no gozan en modo alguno de tal libertad. Porque los fieles no pueden abrazar aquella opinión que sostiene que, o bien después de Adán existieron en esta tierra verdaderos hombres que no tomaron su origen por generación natural de él como del primer padre de todos, o bien que Adán representa un cierto número de primeros padres. Ahora bien, no se ve en modo alguno cómo puede conciliarse tal opinión con la que las fuentes de la verdad revelada y los documentos de la Autoridad Docente de la Iglesia proponen respecto al pecado original, que procede de un pecado cometido realmente por un Adán individual y que, por generación, se transmite a todos y está en cada uno como propio[12].

38. Así como en las ciencias biológicas y antropológicas, también en las ciencias históricas hay quienes transgreden audazmente los límites y las garantías establecidas por la Iglesia. De modo particular hay que deplorar cierta interpretación demasiado libre de los libros históricos del Antiguo Testamento. Los partidarios de este sistema, para defender su causa, se remiten erróneamente a la Carta enviada no hace mucho al Arzobispo de París por la Pontificia Comisión de Estudios Bíblicos [13]. [Esta carta, en efecto, señala claramente que los once primeros capítulos del Génesis, aunque no se ajustan propiamente al método

histórico utilizado por los mejores escritores griegos y latinos o por autores competentes de nuestro tiempo, pertenecen sin embargo a la historia en un sentido verdadero, que sin embargo debe ser estudiado y determinado ulteriormente por los exégetas; los mismos capítulos, (señala la Carta), en un lenguaje sencillo y metafórico adaptado a la mentalidad de un pueblo poco culto, exponen a la vez las principales verdades fundamentales para nuestra salvación, y dan también una descripción popular del origen del género humano y del pueblo elegido. Sin embargo, si los antiguos escritores sagrados han tomado algo de las narraciones populares (y esto puede concederse), nunca debe olvidarse que lo hicieron con la ayuda de la inspiración divina, mediante la cual se hicieron inmunes de cualquier error en la selección y evaluación de esos documentos.

39. Por lo tanto, lo que de las narraciones populares se haya insertado en las Sagradas Escrituras no debe considerarse en modo alguno a la par de los mitos u otras cosas semejantes, que son más el producto de una imaginación extravagante que de ese esfuerzo por la verdad y la sencillez que en los Libros Sagrados, también del Antiguo Testamento, es tan evidente que nuestros antiguos escritores sagrados deben ser admitidos como claramente superiores a los antiguos escritores profanos.

40. En verdad, sabemos que la mayor parte de los doctores católicos, cuyo fruto de estudios se va recogiendo en las universidades, en los seminarios y en los colegios de religiosos, están muy lejos de esos errores que hoy, ya por afán de novedad, ya por cierto celo inmoderado de apostolado, se difunden abierta o encubiertamente. Pero sabemos también que tales opiniones nuevas pueden seducir a los incautos; y por eso preferimos resistir a los comienzos antes que administrar la medicina después de que la enfermedad se ha hecho inveterada.

41. Por esta razón, después de madura reflexión y consideración ante Dios, para no faltar a Nuestro sagrado deber, encargamos a los Obispos y a los Superiores Generales de las Órdenes Religiosas, obligándoles muy seriamente en conciencia, que cuiden con la mayor diligencia de que tales opiniones no se promuevan en las escuelas, en las conferencias o en escritos de cualquier clase, y que no se enseñen de ningún modo al clero ni a los fieles.

42. Sepan los maestros de las instituciones eclesiásticas que no pueden ejercer con tranquila conciencia el oficio de enseñar que se les ha confiado, si en la instrucción de sus alumnos no aceptan religiosamente y observan con exactitud las normas que Nosotros hemos ordenado. Esa debida reverencia y sumisión que en su incesante labor deben profesar hacia la Autoridad Docente de la Iglesia, inculquen también en las mentes y corazones de sus alumnos.

43. Que se esfuercen con todas sus fuerzas y esfuerzos en el progreso de las ciencias que enseñan; pero que también tengan cuidado de no transgredir los límites que hemos establecido para la protección de la verdad de la fe y doctrina católicas. En cuanto a las nuevas cuestiones, que la cultura moderna y el progreso han puesto en primer plano, dedíquense a la más cuidadosa investigación, pero con la prudencia y cautela necesarias; por último, no piensen, entregándose a un falso "irenismo", que el disidente y el descarriado pueden ser felizmente reconducidos al seno de la Iglesia, si toda la verdad que se encuentra en la Iglesia no es sinceramente enseñada a todos sin corrupción ni disminución.

44. Confiando en esta esperanza, que será aumentada por vuestro cuidado pastoral, como prenda de dones celestiales y signo de Nuestra paternal benevolencia, impartimos de todo corazón a todos y cada uno de vosotros, Venerables Hermanos, y a vuestro clero y pueblo la Bendición Apostólica.

Dado en Roma, junto a San Pedro, el 12 de agosto de 1950, duodécimo año de Nuestro Pontificado.

PIO XII

1. Conc. Vatic. D.B., 1876, Cont. *De Fide cath., cap. 2, De revelatione.*

2. C.I.C., can 1324; cfr. Conc. Vat., D.B., 1820, Cont. De Fide *cath.*, cap. 4, De *Fide et ratione*, post canones.

3. Lucas, X, 16

4. Pío IX, *Inter gravissimas*, 28 oct., 1870, *Acta*, vol. I, p. 260.

5. Cfr. Conc. Vat., Const. *De Fide cath.* 1, *De Deo rerum omnium creatore.*

6. Cfr. Litt. Enc. *Mystici Corporis Christi*, A.A.S., vol. XXXV, p. 193 sq.

7. Cfr. Cfr. Conc. Vat., D.B., 1796.

8. C. I. C. can. 1366, 2.

9. *A.A.S.*, vol. XXXVIII, 1946, p. 387.

10. Cfr. Santo Tomás, *Summa Theol*, II-II, quaest. 1, art. 4 ad 3 et quaest. 45, art. 2, en c.

11. Cfr. Allocut Pont. a los miembros de la Academia de Ciencias, 30 de noviembre de 1941: A.A.S., vol. XXXIII, p. 506.

12. Cfr. *Rom.*, V, 12-19; Conc. Trid., sess, V, can. 1-4.

13. 16 de enero de 1948: *A.A.S.*, vol. XL, pp. 45-48.

EXTRACTOS Y COMENTARIOS

A continuación se presentan diez párrafos extraídos de HG junto con un comentario sobre ellos. El autor trató muchos de los temas que aquí nos ocupan en su obra Las *doctrinas de Génesis 1-11*. Por lo tanto, gran parte del comentario que aquí se ofrece está tomado textualmente de esa obra. Por lo tanto, gran parte del comentario aquí está tomado textualmente de esa obra.

PÁRRAFO 5

Si alguien examina
el estado de cosas
fuera del redil cristiano,
descubrirá fácilmente las
tendencias principales
que siguen no pocos
hombres cultos. Algunos

sostienen imprudente e indiscretamente que la evolución, que no ha sido plenamente probada ni siquiera en el dominio de las ciencias naturales, explica el origen de todas las cosas, y apoyan audazmente la opinión monista y panteísta de que el mundo está en continua evolución. Los comunistas suscriben con gusto esta opinión para que, cuando las almas de los hombres hayan sido privadas de toda idea de un Dios personal, puedan defender y propagar con mayor eficacia su materialismo dialéctico.

De entrada, Pío XII demuestra que no es amigo de la evolución.

Pero primero, la historia de la teoría de la evolución en pocas palabras: La noción de evolución surgió durante el siglo XVIII, el período que los historiadores seculares llaman "la Ilustración". Ya en 1796, el marqués de Pierre-Simon Laplace propuso una especie de evolución cósmica en su "hipótesis nebular", según la cual la Tierra y los planetas giraban a partir del Sol. Era la bisabuela de la moderna teoría del big bang. El biólogo francés Jean Baptiste de Lamarck (1744-1829) propuso una teoría según la cual los organismos vivos evolucionaban por la transmisión de características biológicas adquiridas al adaptarse al medio. Esa teoría tuvo que ser rechazada por los evolucionistas porque no hay ejemplos claros de herencia de características adquiridas.

Hasta bien entrado el siglo XIX, teólogos y científicos sostenían que el Diluvio Universal bíblico produjo los estratos de roca sedimentaria en toda la Tierra. Pero en 1830 Charles Lyell, un abogado inglés, publicó su libro *Principios de geología*, en el que promovía una teoría geológica que había sido originada por James Hutton en el siglo anterior. Lyell rechazó categóricamente la historicidad del diluvio universal del Génesis y argumentó que las características geológicas de la Tierra podían explicarse en términos de procesos geológicos actuales que actúan durante inmensos periodos de tiempo. Suponía que los estratos fosilíferos se formaban por los mismos procesos de erosión y sedimentación actuales. Esta teoría se conoce como *uniformitarianismo*. Se resume en la doctrina El presente es la clave del pasado. Después de Lyell, los científicos empezaron a pensar que la edad de la Tierra se medía en millones de años, en lugar de los miles indicados por la cronología bíblica.

La geología uniformista de Lyell preparó el terreno para la teoría de la evolución biológica de Charles Darwin, una teoría que exigía que la Tierra fuera muy antigua. La noción de evolución biológica recibió su gran impulso con la publicación de *El origen de las especies* de Darwin en 1859. En la evolución de los organismos vivos por variación y selección natural de Darwin, los científicos de mentalidad evolucionista pensaron que habían encontrado un mecanismo creíble para la evolución biológica. A partir de entonces, la noción de evolución biológica fue promovida por los ateos con un fervor misionero. La propaganda de los discípulos de Darwin fue tan eficaz que la evolución biológica llegó a ser aceptada como un hecho por muchos científicos. Los científicos, tras haber rechazado una causa sobrenatural para los orígenes de las diversas especies vivas, pensaban ahora que tenían una explicación natural perfectamente respetable para sus orígenes. Sin embargo, las ideas de Lyell y Darwin planteaban grandes problemas que se ocultaron con retórica o se escondieron bajo la alfombra.

La verdad es que los geólogos modernos consideran que el uniformitarianismo es incapaz de explicar muchos hechos geológicos. Muchas de las características geológicas que se encuentran en la Tierra se explican mucho mejor como producidas por el gran diluvio universal relatado en el Génesis. Los geólogos probablemente postularían un diluvio universal como la mejor explicación de los hechos geológicos si no estuviera en la Biblia. Pero como está en la Biblia lo consideran un mito religioso y no digno de creencia.

La teoría de Darwin tampoco se sostiene bajo el escrutinio. La teoría de Darwin exige que haya innumerables formas transitorias en el mundo de los organismos vivos. Pero no hay ninguna, ni en el mundo actual ni en el registro fósil. E incluso los científicos evolucionistas admiten que el proceso de variación y selección natural no es adecuado para esta tarea.

Los evolucionistas modernos han suplantado el darwinismo por *el neodarwinismo*, que busca en las mutaciones la causa de los cambios esenciales heredables en los organismos. Pero los hechos revelados por la biología moderna hacen que sus argumentos no sean más convincentes que los de Darwin. Unas pocas mutaciones no pueden transformar la naturaleza de un organismo vivo más de lo que cambiar unas pocas letras del texto puede transformar la *Enciclopedia Británica* en *La Enciclopedia Católica*.

Aunque Darwin en su *El origen de las* especies se aferraba a la existencia de un Creador, su teoría se adaptaba bien a la eliminación total de un Creador. La idea de la evolución pasó de ser simplemente una evolución orgánica a una evolución universal que lo abarcaba todo y que a veces se denomina evolución de las moléculas al hombre o, como la llama Pío XII, evolución "continua". Para muchos, la evolución se convirtió en el gran motor de la historia. Algunos la elevaron a principio metafísico subyacente a toda la realidad.

Pío XII vio claramente que la noción de evolución no está probada por la ciencia natural, pero es, sin embargo, una herramienta para la promoción del ateísmo. Pero esa noción, aunque concebida "fuera del redil cristiano" se coló en el pensamiento católico. El más destacado entre los evolucionistas católicos fue sin duda Pierre Teilhard de Chardin. Sus principales obras sobre la evolución son *El fenómeno del* hombre (1955), que cuenta con una introducción del ateo Julian Huxley, y *Cristianismo y evolución* (1969), que se publicó mucho después de su muerte. Teilhard introdujo un nuevo género literario: la ficción teológica. Por desgracia, su seductora fusión de lo espiritual y lo secular hipnotizó a muchos católicos. Su visión unitaria de la realidad, una unión de Dios y el mundo, resultaba atractiva para muchos, tanto dentro como fuera de la Iglesia. Se convirtió en una especie de figura de culto.

Teilhard de Chardin era sacerdote jesuita, paleontólogo y evolucionista convencido. Su visión de la realidad se basaba en una versión fantasiosa de la evolución teísta, defendida por muchos de sus compañeros jesuitas. Sus teorías han recibido más prominencia de la que merecen por motivos teológicos o científicos. Sus escritos causan estragos en las nociones católicas sobre la creación, la redención, la santificación, el pecado original y el actual, el mal y la gracia. En 1957, el Santo Oficio ordenó retirar sus obras de las bibliotecas de las instituciones católicas y prohibió su venta en librerías católicas. El Santo Oficio publicó un monitum en 1962 advirtiendo a los fieles de los errores y ambigüedades de sus escritos, pero ha sido ignorado y se ha convertido en papel mojado.

La guía de Teilhard para Dios y el mundo no era la Escritura, ni la Tradición, ni el Magisterio, ni siquiera la ciencia genuina. Era la evolución. La evolución fue el molde en el que forzó todo, como revela la siguiente cita:

> ¿Es la evolución una teoría, un sistema o una hipótesis? Es mucho más: es una condición general a la que todas las teorías, todas las hipótesis, todos los sistemas deben someterse y que deben satisfacer en adelante si quieren ser pensables y verdaderos. La evolución es una luz que ilumina todos los hechos, una curva que todas las líneas deben seguir. Teilhard de Chardin, Pierre, *El fenómeno del* hombre (Nueva York: Harper and Row, 1959, trad. de la edición francesa de 1955), p. 219.]

En otras palabras, la evolución define la verdad. Teilhard era ante todo un evolucionista dogmático. Teilhard es un ejemplo de científicos evolucionistas, tanto ateos como teístas, que insisten en que toda la realidad *debe* explicarse en términos de evolución.

Las ideas de de Chardin fueron abrazadas por muchas élites intelectuales católicas, erosionando su fe.

PÁRRAFO 6

Tales postulados ficticios
de la evolución, que
repudian todo lo que
es absoluto, firme e
inmutable, han allanado el
camino a la nueva filosofía
errónea que, rivalizando
con el idealismo,
el inmanentismo y
el pragmatismo, ha
asumido el nombre de
existencialismo, ya que
sólo se ocupa de la
existencia de las cosas
individuales y descuida
toda consideración de sus
esencias inmutables.

Darwin y sus discípulos rechazaron la clara y reiterada enseñanza bíblica de que Dios creó cada planta y animal según su *especie*, es decir, con una naturaleza específica permanente. Para Darwin, los organismos vivos están en un continuo estado de flujo, nunca permanecen iguales. No permanecen quietos el tiempo suficiente para tener una naturaleza o esencia específica. El Papa califica de "ficticios" los principios en los que se basa la visión darwiniana, porque no se ajustan a la realidad. La opinión de que no existen esencias o naturalezas universales se denomina *nominalismo*.

La biología evolutiva es totalmente nominalista. Por eso es incapaz de dar una definición adecuada de *especie*, una noción que está íntimamente relacionada con la naturaleza, que a su vez requiere estabilidad. (Todos los miembros individuales de una especie tienen la misma naturaleza específica.) El *Penguin Dictionary of Biology*, al defender este punto de vista nominalista, lo presenta claramente:

> La incapacidad de encontrar un concepto unificado de especie no es una desgracia.... Probablemente no sea casualidad que el concepto de especie no ocupe un lugar destacado en la teoría biológica: la mejor forma de considerar las especies no es como NATURAL KINDS (como los elementos en química),

sino como individuos,
cada uno de ellos
históricamente único e
insustituible una vez
extinguido. Si las especies
son individuos, entonces
los nombres de las
especies son nombres
propios, de modo que las
propiedades de las especies
las describirían pero no las
definirían.

La palabra nominalismo viene del latín "nombre". Cuando los biólogos modernos utilizan el término *especie* están hablando de un grupo de organismos vivos que se distingue por algún criterio conveniente y al que se le da un nombre, pero esos criterios no tienen nada que ver con la naturaleza del organismo.

Generalizar el nominalismo en una filosofía general de la vida da como resultado el *existencialismo*. Eso es lo que Pío XII calificó de "filosofía errónea". El existencialismo priva a la vida humana de todo sentido. Cada ser humano es un individuo con un nombre, pero sin una naturaleza específica. No es más que un fenómeno pasajero en una historia generada por la evolución.

PÁRRAFO 23

Además, según sus
opiniones ficticias, el
sentido literal de la
Sagrada Escritura y su
explicación,
cuidadosamente
elaborados bajo la
vigilancia de la Iglesia por
tantos grandes exégetas,
deben ceder ahora el paso
a una nueva exégesis, que
ellos se complacen en
llamar simbólica o
espiritual. Por medio de
esta nueva exégesis, el
Antiguo Testamento, que
hoy en la Iglesia es un libro
sellado, sería finalmente
abierto a todos los fieles.
Con este método, dicen,
desaparecen todas las
dificultades, dificultades
que sólo estorban a los que
se adhieren al sentido
literal de las Escrituras.

Este párrafo se dirige contra quienes piensan que la ciencia y las Escrituras sólo pueden reconciliarse repudiando la verdad histórico-literal del Génesis 1-11, que fue defendida por los Padres y

Doctores de la Iglesia. Este repudio ha provocado graves lagunas en la teología, la enseñanza y la predicación católicas.

El cardenal Joseph Ratzinger (más tarde Papa Benedicto XVI), en un discurso dirigido a los presidentes de las comisiones doctrinales europeas en Viena, Austria, en mayo de 1989, lamentó la "desaparición casi total de la teología de la doctrina de la creación." Asimismo, en el prefacio a su colección de homilías sobre la Creación y la Caída titulada *"En el principio..."*, el cardenal Ratzinger afirma:

> Paradójicamente, sin
> embargo, el relato de
> la creación está notable
> y completamente ausente
> de la catequesis, de la
> predicación e incluso de la
> teología. Los relatos de la
> creación no se mencionan;
> es demasiado pedir que se
> hable de ellos.

Incluso el documento del Concilio Vaticano II sobre la Sagrada Escritura*(Dei verbum)* omite referirse a Génesis 1-11 en su resumen de la historia de la salvación (véase el Apéndice).

Hoy en día, la Iglesia católica tiene teologías bien desarrolladas de la redención y la santificación, pero no una teología bien desarrollada de la creación. Esto se debe a que muchos de sus pensadores influyentes han abandonado la sólida teología de la creación de los Padres y

Doctores de la Iglesia y han abrazado en su lugar los falsos principios del evolucionismo.

La teoría de la evolución y sus doctrinas asociadas, que tienen sus raíces en algunas falsas afirmaciones de los científicos naturales, han introducido una gran confusión en el pensamiento de los católicos. La auténtica ciencia natural busca la verdad sobre el mundo natural. Pero a veces lo que los científicos presentan como verdad es simplemente una opinión basada en una filosofía falsa. Es el caso de la teoría de la evolución, que pretende explicar el origen de todas las cosas por causas naturales.

Ahora unas palabras sobre la forma literaria del Génesis: La forma literaria de un escrito es a menudo sugerida por el propio texto y a veces dada a conocer por el autor. No hay prueba alguna en el Génesis 1-11 de que sea otra cosa que lo que Moisés presentó como un documento histórico-literal. Así lo entendieron unánimemente los Padres de la Iglesia. Ellos recibieron ese entendimiento de los Apóstoles, quienes lo recibieron de Cristo. Que ésta es la genuina Tradición católica se confirma en la liturgia de la Iglesia y en el abrumador consenso de los fieles a lo largo de los siglos, como se refleja en los escritos de los Doctores de la Iglesia y en otra literatura católica.

Esto nos lleva a la noción de verdad histórico-literal. La expresión "verdad histórico-literal" no excluye el uso del lenguaje metafórico y de otros lenguajes figurados, que a menudo se utilizan para expresar la verdad de manera clara e inequívoca. La Pontificia Comisión Bíblica (PBC), en una decisión de 1909, hizo concesiones a la flexibilidad del lenguaje, diciendo que Génesis 1-3 no necesita ser "interpretado en un sentido propiamente literal" "cuando las expresiones son manifiestamente usadas en sentido figurado, es decir, metafórica o antropomórficamente, y cuando la razón nos prohíbe sostener, o la necesidad nos impele a apartarnos, del sentido propiamente literal".

No todas las expresiones de la verdad son mecánicamente literales. El inglés moderno está lleno de metáforas y otras figuras retóricas que enriquecen enormemente el lenguaje. El lenguaje figurado amplía el significado de las palabras para darles una mayor gama de aplicaciones. Las figuras retóricas transmiten de forma colorida, concisa y contundente matices de significado que serían torpes de lograr con la literalidad estricta. Pero revelan y aclaran; no ocultan. La verdad histórico-literal es la verdad que se expresa con claridad, ya sea en un lenguaje estrictamente literal o en un lenguaje figurativo contextualmente claro, sin el uso de simbolismos crípticos que sólo pueden ser descifrados por eruditos altamente capacitados.

En este párrafo, Pío XII está fustigando la noción elitista de que nuestros antepasados durante 6000 años no entendieron realmente el Génesis 1-11 y que sólo nosotros, en el mundo moderno, hemos llegado a entenderlo correctamente, es decir, sólo como "simbólico o espiritual", sin ninguna base en la realidad. La conclusión lógica es la blasfema de que Dios, el autor de la Sagrada Escritura, engañó a nuestros antepasados todos esos años, y fueron los eruditos modernos de la Escritura (que han sido fuertemente influenciados por la falsa ciencia y la falsa exégesis) los que han puesto las cosas en su sitio.

PÁRRAFO 24

Todos ven cuán ajeno es
todo esto a los principios
y normas de interpretación
rectamente fijados por
nuestros predecesores de
feliz memoria, León

XIII en su Encíclica
"Providentissimus", y
Benedicto XV en
la Encíclica "Spiritus
Paraclitus", como también
por Nosotros mismos en la
Encíclica "Divino Afflante
Spiritu".

El Papa Juan Pablo II, en sus discursos de 1992 y 1996 a la Academia
Pontificia de las Ciencias, señaló la importancia de "una hermenéutica
rigurosa para una correcta interpretación del texto inspirado". Una
sana teología de la creación se basa en una hermenéutica rigurosa para
la correcta interpretación del Génesis 1-11. Tal se encuentra en los
principios ya establecidos por el Papa León XIII en su carta encíclica
Providentissimus Deus (1893), principios que fueron elogiados y
mantenidos por papas posteriores, especialmente Benedicto XV en su
carta encíclica sobre la Sagrada Escritura *Spiritus Paraclitus* (1920) y
Pío XII en sus encíclicas *Divino Afflante Spiritu* (1943) y *Humani
Generis* (1950).

León XIII considera a los Padres de la Iglesia como testigos fiables
de la tradición y como los guías más seguros para la interpretación de
la Escritura. Nos permite ir más allá de los Padres, pero con mucha
cautela. Dijo: "[N]o está prohibido, cuando existe una causa justa,
llevar la investigación y la exposición más allá de lo que han hecho
los Padres". Pero, dijo, al hacerlo siempre debemos observar "la regla
tan sabiamente establecida por San Agustín: no **apartarse del sentido
literal y obvio, excepto cuando la razón lo haga insostenible o la
necesidad lo requiera**; una regla a la que es más necesario adherirse
estrictamente en estos tiempos, cuando la sed de novedad y la libertad

desenfrenada de pensamiento hacen que el peligro de error sea más real y próximo" (énfasis añadido).

Este principio hermenéutico es el único sensato. Facilita una teología coherente. Elimina las interpretaciones ad hoc o arbitrarias: esto es literal, esto no; esto es histórico, esto no. Impone limitaciones constructivas a la teorización bíblica, del mismo modo que la ley de conservación de la energía y otras leyes de conservación imponen limitaciones constructivas a la teorización de los físicos. Aumenta la credibilidad de las Escrituras a los ojos de los no creyentes porque demuestra que los creyentes confían en sus palabras, que no están dispuestos a comprometer su significado literal y obvio a la menor provocación. Pone a los católicos en un terreno común con los cristianos ortodoxos, que miran a los Padres, y los protestantes evangélicos, que miran al sentido llano de la Escritura, y facilita su retorno a la Iglesia católica.

Muchos cristianos no católicos consideran que la Iglesia católica es poco estricta en su interpretación de las Escrituras. Por desgracia, esto es cierto en el caso de muchos de sus eruditos modernos. Pero no en su doctrina oficial.

PÁRRAFOS 28 Y 35

Estos y otros errores
semejantes, es evidente,
se han introducido entre
algunos de Nuestros
hijos, engañados por un
imprudente celo por las
almas o por una falsa

ciencia. A ellos Nos
vemos obligados con
dolor a repetir una vez
más verdades ya bien
conocidas, y a señalar con
solicitud errores claros y
peligros de error.

Nos queda ahora hablar
de aquellas cuestiones
que, aunque pertenecen
a las ciencias positivas,
están, sin embargo, más o
menos relacionadas con las
verdades de la fe cristiana.
En efecto, no pocos piden
insistentemente que la
religión católica tenga en
cuenta lo más posible
estas ciencias. Esto sería
ciertamente loable en el
caso de hechos claramente
probados; pero hay que
ser prudentes cuando
se trata más bien de
hipótesis, que tienen algún
fundamento científico, en
las que está implicada

la doctrina contenida en
la Sagrada Escritura o
en la Tradición. Si tales
opiniones conjeturales
se oponen directa o
indirectamente a la
doctrina revelada por
Dios, no puede admitirse
en modo alguno la
exigencia de que sean
reconocidas.

En estos párrafos Pío XII aborda las cuestiones de la ciencia que es descaradamente falsa y de la ciencia que no distingue entre hipótesis y hechos. Aquí Pío XII no teme decir que existe la falsa ciencia. Muchos estudiosos católicos de hoy tienen miedo de decirlo. Pero no dudan en denunciar la ciencia de la creación porque es lo políticamente correcto. La historia de la intimidación de la religión por la ciencia falsa o parcialmente digerida, que comenzó con ciertas afirmaciones de Galileo, podría ser objeto de un extenso tratado.

Los *hechos* ofrecidos por las diversas ciencias deben distinguirse de las *inferencias* hechas a partir de los *principios* utilizados para interpretar los hechos. A veces, los principios se basan en falsas filosofías. Aristóteles, en su obra *Sobre las partes de los animales* , asegura que no hace falta ser un experto en una disciplina para evaluar los principios con los que interpreta sus hechos. Basta con tener una educación liberal y un pensamiento claro.

Hay que trazar claramente la línea divisoria entre ciencia y naturalismo. La verdadera ciencia busca el conocimiento del mundo a partir de cualquier fuente, ya sea la revelación de Dios o la observación del mundo. El naturalismo, en cambio, busca el conocimiento del mundo exclusivamente a partir de esta última. Los naturalistas sostienen que el propio mundo puede decirnos todo lo que hay que saber sobre él. La ciencia naturalista, al no dejarse guiar por la revelación divina, se vuelve propensa al error cuando se aventura en áreas donde no pueden realizarse observaciones directas. Esta susceptibilidad al error es más notable cuando la ciencia natural profundiza en el origen de las cosas.

El éxito de la ciencia natural en la descripción de muchas cosas ha asombrado y seducido a muchos cristianos para que den a la evolución más credibilidad que al relato del Génesis. Si la evolución se tratara con la misma objetividad que otros paradigmas científicos, se consideraría que está en crisis por su incapacidad de dar explicaciones creíbles a muchos fenómenos naturales. En el campo de la biología, por ejemplo, existe un corpus de literatura científica publicada en los últimos cuarenta años aproximadamente que apoya firmemente la postura de que la macroevolución de las especies (la transformación de un tipo de criatura viva en otro tipo) no se ha producido. La macroevolución no encuentra ningún apoyo sólido en la base de datos de hechos de las diversas ciencias naturales. Los evolucionistas se encuentran en la incómoda situación de tener que inventar teorías para explicar por qué no existen pruebas irrefutables de la evolución.

Pero el paradigma de la evolución no será rechazado por la ciencia materialista porque es la muleta del materialismo. Y se cumple rigurosamente. Cualquier biólogo o astrónomo que no trabaje dentro de sus limitaciones no puede esperar avanzar en el mundo académico o ganar subvenciones. Aunque es un paradigma fracasado, los científicos no lo abandonan porque, desde su punto de vista naturalista, no tienen alternativa. Para hacerlo creíble, lo apoyan en el éxito de paradigmas exitosos.

Los científicos y estudiosos católicos deben quitarse de la cabeza que la Iglesia perderá su credibilidad si rechaza la geología uniformitarista, la biología y antropología evolucionistas y la cosmología del big bang. Las nociones que avanzan los practicantes de estas falsas ciencias no han contribuido un ápice a nuestra comprensión de la naturaleza de las cosas ni a nuestro progreso tecnológico. Los grandes avances de la ciencia y la tecnología de los que disfrutamos se produjeron gracias a cuidadosas observaciones de la naturaleza aquí y ahora y a innovaciones técnicas, no a teorías sobre el pasado.

La Santa Madre Iglesia aumentará muchas veces su credibilidad si sus maestros y predicadores vuelven a profesar con claridad y confianza su teología tradicional de la creación, que se basa en la verdad literal presentada en Génesis 1-11. Y eso ayudará a restaurar la solidez moral. Y eso ayudará a restaurar la solidez moral de la civilización occidental, porque gran parte de la inmoralidad que prevalece hoy en día se puede remontar a una falsa concepción de la naturaleza del hombre, que tiene sus raíces en falsas concepciones sobre los orígenes.

PÁRRAFO 36

Por estas razones, la Autoridad Docente de la Iglesia no prohíbe que, conforme al estado actual de las ciencias humanas y de la sagrada teología, se lleven a cabo investigaciones y

discusiones, por parte de
hombres experimentados
en ambos campos, acerca
de la doctrina de la
evolución, en cuanto
indaga sobre el origen
del cuerpo humano como
procedente de materia
preexistente y viva, pues
la fe católica nos obliga a
sostener que las almas son
creadas inmediatamente
por Dios. Sin embargo,
esto debe hacerse de tal
modo que las razones
de ambas opiniones, es
decir, las favorables y
las desfavorables a la
evolución, sean sopesadas
y juzgadas con la seriedad,
moderación y mesura
necesarias, y siempre que
todos estén dispuestos
a someterse al juicio
de la Iglesia, a quien
Cristo ha encomendado
la misión de interpretar
auténticamente las
Sagradas Escrituras y
de defender los dogmas

de la fe. [Algunos,
sin embargo, transgreden
precipitadamente esta
libertad de discusión,
cuando actúan como
si el origen del
cuerpo humano a partir
de materia preexistente
y viva estuviera ya
completamente cierto y
probado por los hechos
que se han descubierto
hasta ahora y por el
razonamiento sobre esos
hechos, y como si no
hubiera nada en las fuentes
de la revelación divina que
exija la mayor moderación
y cautela en esta cuestión.

Este es el pasaje que tantos utilizan erróneamente para decir que la Iglesia permite a los católicos creer en la evolución. Si se examina detenidamente a la luz de la propia encíclica y de la enseñanza anterior de la Iglesia, se ve claramente que no es una Carta Magna para los evolucionistas católicos; no es un permiso para que los católicos crean en la evolución.

Este pasaje está cuidadosamente redactado y es bastante restrictivo. En primer lugar, permite el debate sobre la evolución "en la medida en que indaga sobre el origen del cuerpo humano como procedente de materia preexistente y viva". No menciona el origen de la materia preexistente y viva. Parece que, a la luz de lo que se dice en otras partes de la encíclica, ese origen tendría que ajustarse al relato de la creación del Génesis. No podría haber permitido la evolución a la Darwin porque eso contradice directamente el Génesis 1, como hemos visto, y defiende la verdad histórica del Génesis 1-11, como veremos. Así pues, la materia preexistente y viva debió de ser algo creado especialmente que se transformó en un cuerpo humano. Es intermedio entre el "polvo" de Génesis 2 y el cuerpo de Adán.

En segundo lugar, sólo permite el debate entre expertos, que presumiblemente tienen una base para sus argumentos y no se limitan a defender una creencia arbitraria. Además, ambas partes deben ser escuchadas.

En tercer lugar, sólo permite la investigación y el debate, no la afirmación de hechos. El Papa deja claro que hay cuestiones serias relativas a la revelación divina que deben ser consideradas. La Sagrada Escritura y la Sagrada Tradición siempre han enseñado que Dios creó al primer hombre directamente de la tierra. La inserción de materia viva como intermediario en el acto de la creación es ciertamente difícil de reconciliar con la comprensión católica tradicional de la revelación. Además, la Escritura dice que Dios "insufló" vida al primer hombre (véase Gn 2:7). Esto sólo tiene sentido si Dios insufló vida en materia inerte. Insuflar vida en materia ya viva es una acción superflua.

En cuarto lugar, requiere la creación especial del alma humana. El alma humana tenía que tener materia viva preparada para recibirla. La materia viva que iba a transformarse en persona humana tenía que estar preparada para recibir un alma humana, bien por procesos naturales, bien por un acto de Dios. El primero se denomina transformismo natural, el segundo transformismo especial.

El transformismo natural fue descartado por el Concilio Provincial de Colonia el año siguiente a la publicación de *El origen de las especies* de Darwin (véase el Apéndice). Sus decretos fueron aprobados por la Santa Sede. Parece que Pío XII tenía en mente este decreto cuando utilizó las palabras cuidadosamente elegidas, "a partir de materia preexistente y viva". Es muy dudoso, a juzgar por su cuidadosa redacción, que Pío permitiera a los católicos contradecir ese decreto.

Así que la única opción disponible para los transformistas es que Dios transformó directamente la materia viva para recibir un alma humana. Pero esto, en efecto, excluye la evolución porque los evolucionistas sostienen que los procesos naturales hicieron esto y no la actividad directa de Dios. Esto fue señalado convincentemente por el Cardenal Ernest Ruffini, miembro del PBC durante el reinado de Pío XII, en su libro *La Teoría de la Evolución Juzgada por la Fe y la Razón*. El cardenal Ruffini continúa señalando que el transformismo especial es superfluo porque sería tan fácil para Dios crear a Adán directamente del polvo como crearlo directamente de la materia viva.

Además, la creación de Eva a partir de Adán está tan fuertemente afirmada en la enseñanza magisterial que puede considerarse como propuesta infaliblemente por el Magisterio universal y ordinario de la Iglesia. Esto fue también señalado por el Cardenal Ruffini y ha sido hábilmente demostrado por el P. Brian Harrison. El *Catecismo de* la Iglesia Católica sostiene la creación de Eva por parte de Adán en el artículo 371. La firmeza de la doctrina de la creación especial del cuerpo de Eva refuerza el caso contra la evolución del cuerpo de Adán. Porque si el cuerpo de Adán evolucionó, entonces Eva habría tenido un origen mucho más noble que Adán, ya que Dios la creó directamente a ella y a Adán a través de innumerables causas secundarias. Habría habido entonces una impensable disparidad de dignidad entre el primer hombre y la primera mujer. Esto también lo señaló el cardenal Ruffini.

Hay aún otro problema con el transformismo, uno filosófico: En el transformismo especial, Dios, en un solo acto, hace que la materia viva sea receptiva a un alma humana y crea e infunde un alma humana en ella. No se trata de que Dios inyecte un alma humana prefabricada en una materia bruta que Dios ha hecho receptiva a un alma humana por separado. Tal noción huele a dualismo, una doctrina que considera a la persona humana como una realidad espiritual *en* un cuerpo en lugar de como una única realidad unificada. La antropología católica adopta una visión holística de la persona humana, en la que *este* cuerpo es dotado de personalidad por *esta* alma, que está íntimamente unida a él. La inyección de un alma racional en el cuerpo de un bruto no puede compararse con la consagración en la concepción. Son dos cosas distintas. Esta última es evidentemente un acontecimiento holístico porque las condiciones materiales y el alma son traídas a la existencia simultáneamente.

Un evolucionista teísta católico tiene que demostrar que la teoría de la evolución humana que defiende no es dualista. La idea de sustituir un alma bruta por un alma humana trata el alma como una sustancia completa independiente. Tal idea no está en conformidad con la enseñanza católica sobre el alma. La relación del alma con el cuerpo no es la de un alma en una máquina a la Descartes. La unión es mucho más íntima. Aristóteles expresó la intimidad de esta unión de esta manera: "No necesitamos preguntar si el alma y el cuerpo son uno, como tampoco preguntamos si la cera y su forma son una". El *Catecismo de la Iglesia* Católica, en su artículo 365, afirma esta intimidad y rechaza cualquier tipo de dualismo. Afirma: "La unidad del alma y del cuerpo es tan profunda que hay que considerar el alma como la "forma" del cuerpo: es decir, es por su alma espiritual por lo que el cuerpo hecho de materia se convierte en un cuerpo vivo y humano; espíritu y materia, en el hombre, no son dos naturalezas unidas, sino que su unión forma una sola naturaleza."

La única forma de evitar la mancha del dualismo es admitir la creación simultánea del cuerpo y el alma de Adán. Dios creó al primer hombre como un escultor hace una estatua. Cuando un escultor hace una estatua reúne el elemento material y la forma al mismo tiempo. La creación de Adán sería entonces exactamente paralela a la creación de sus descendientes, que nacen en la concepción con la organización simultánea del elemento material y la creación del alma que lo convierte en una persona humana viva. Santo Tomás de Aquino enseñó que el cuerpo y el alma de Adán fueron creados al mismo tiempo:

> Algunos han pensado
> que el cuerpo del
> hombre fue formado
> primero en prioridad de
> tiempo, y que después
> el alma fue infundida
> en el cuerpo formado.
> Pero es incompatible con
> la perfección de la
> producción de las cosas,
> que Dios haya hecho el
> cuerpo sin el alma, o el
> alma sin el cuerpo, ya que
> cada uno es una parte de
> la naturaleza humana. Esto
> es especialmente impropio

en cuanto al cuerpo,
porque el cuerpo depende
del alma, y no el alma del
cuerpo. *Suma Teológica*,
Parte I, Q. 91, A. 4,
Respuesta Obj. 3]

Así pues, podemos concluir que en este párrafo Pío XII cede realmente muy poco terreno a la antropología evolucionista. Lo más que pueden argumentar los antropólogos evolucionistas católicos es que Dios tomó algún tipo de materia viva y la transformó especialmente en un hombre.

PÁRRAFO 37

Sin embargo, cuando se
trata de otra opinión
conjetural, a saber, el
poligenismo, los hijos de la
Iglesia no gozan en modo
alguno de tanta libertad.
Pues los fieles no pueden
abrazar aquella opinión
que sostiene que, o bien
después de Adán existieron
en esta tierra verdaderos
hombres que no tomaron
su origen por generación

natural de él como del
primer padre de todos, o
bien que Adán representa
un cierto número de
primeros padres. Ahora
bien, no se ve de ningún
modo cómo tal opinión
puede conciliarse con la
que las fuentes de la verdad
revelada y los documentos
de la Autoridad Docente
de la Iglesia proponen con
respecto al pecado original,
que procede de un pecado
realmente cometido por
un Adán individual y
que, por generación, se
transmite a todos y está en
cada uno como propio.

Aquí Pío XII socava aún más la defensa de la evolución humana
por parte de los católicos. Los evolucionistas suelen pensar que
la evolución tiene lugar en las poblaciones, no en los individuos.
Consideran improbable la evolución a través de un individuo. Pero un
evolucionista católico tendría que admitir que se produjo en una sola
persona, a saber, Adán. Para el evolucionista consecuente esto sería tan
impensable como la creación especial de Adán a partir del polvo de la
tierra.

Pío XII cerró la discusión sobre la cuestión del poligenismo; y el
Papa Pablo VI lo afirmó diciendo: "Es evidente que no consideraréis

conciliables con la auténtica doctrina católica las explicaciones del pecado original, dadas por algunos autores, que parten del presupuesto de un poligenismo que no está probado..." (Discurso a los teólogos en el Simposio sobre el pecado original, 1966).

Todavía algunos teólogos católicos no quieren admitir que la Iglesia ha descartado absolutamente el poligenismo porque temen que la "ciencia" pueda algún día demostrar que la Iglesia está equivocada. Yo les digo: "¡Oh, vosotros de poca fe!"

Aunque la enseñanza sobre el poligenismo no se presenta como infalible, puede considerarse infalible a la luz de su íntima e inquebrantable conexión con la enseñanza infalible sobre el pecado original.

Pío XII no pidió a los teólogos que estudiaran si el poligenismo es conciliable con el dogma católico; les dijo que no lo es. Es temerario para los teólogos católicos considerar que todavía es una cuestión abierta. Pero muchos teólogos católicos son temerarios con la doctrina católica, pero timoratos con la doctrina pseudocientífica.

PÁRRAFOS 38-39

Al igual que en las ciencias biológicas y antropológicas, también en las ciencias históricas hay quienes transgreden audazmente los límites y las garantías establecidas por la Iglesia. De modo particular debe deplorarse

cierta interpretación
demasiado libre de los
libros históricos del
Antiguo Testamento. Los
partidarios de este sistema,
para defender su causa,
se remiten erróneamente
a la Carta enviada
no hace mucho al
Arzobispo de París por
la Pontificia Comisión
de Estudios Bíblicos.
[Esta Carta, en efecto,
señala claramente que los
once primeros capítulos
del Génesis, aunque
propiamente hablando no
se ajustan al método
histórico utilizado por los
mejores escritores griegos
y latinos o por autores
competentes de nuestro
tiempo, pertenecen sin
embargo a la historia en
un sentido verdadero, que
sin embargo debe ser
estudiado y determinado
ulteriormente por los
exégetas; los mismos
capítulos, (señala la Carta),

en un lenguaje sencillo y
metafórico adaptado a la
mentalidad de un pueblo
poco culto, exponen a
la vez las principales
verdades fundamentales
para nuestra salvación,
y dan también una
descripción popular del
origen del género humano
y del pueblo elegido. Sin
embargo, si los antiguos
escritores sagrados han
tomado algo de las
narraciones populares (y
esto puede concederse),
nunca debe olvidarse que
lo hicieron con la ayuda
de la inspiración divina, a
través de la cual se hicieron
inmunes a cualquier error
en la selección y evaluación
de esos documentos.

Por tanto, cualquiera que
sea la narración popular
insertada en las Sagradas
Escrituras, no debe ser

considerada en modo
alguno como un mito u
otra cosa semejante, que es
más el producto de una
imaginación extravagante
que de la búsqueda
de la verdad y de la
sencillez, que en los
Libros Sagrados, incluso
en el Antiguo Testamento,
es tan evidente
que nuestros antiguos
escritores sagrados deben
ser admitidos como
claramente superiores a
los antiguos escritores
profanos.

Aquí Pío XII sostiene la historicidad de los once primeros capítulos del Génesis. Va incluso más lejos que la decisión del PBC de 1909 (véase el Apéndice), que sólo se refería a los tres primeros capítulos del Génesis. Así pues, Pío defiende implícitamente la historicidad del Diluvio Universal, que se relata en Génesis 6-8. El Diluvio explica la existencia de los fósiles. El diluvio universal explica el registro fósil y las características geológicas de la Tierra mucho mejor que la geología uniformitaria.

Además, Génesis 9-11 contiene la historia temprana del hombre postdiluviano, de los descendientes de los hijos de Noé, Sem, Cam y Jafet. Las pruebas arqueológicas, cuando se interpretan correctamente, concuerdan muy bien con el relato bíblico.

CONCLUSION

Así vemos en *Humani Generis* que la macroevolución de las especies vivas no es una posición respetable para un católico. La evolución darwiniana se descarta porque contradice el sentido "literal y obvio" del Génesis 1. Los hechos de la ciencia natural no hacen necesario apartarse de ella. La transformación natural del cuerpo de un bruto en un cuerpo humano fue descartada por el Concilio Provincial de Colonia. La transformación especial por Dios del cuerpo de un bruto en un cuerpo humano excluye de hecho la evolución, es superflua y presenta problemas filosóficos relativos a la unidad de la persona humana.

ANEXO

Decreto del Concilio Provincial de Colonia (1860)

Nuestros primeros padres fueron creados inmediatamente por Dios (Gn 2,7). Por lo tanto, declaramos como totalmente contraria a la Sagrada Escritura y a la Fe la opinión de aquellos que se atreven a afirmar que el hombre, en lo que se refiere a su cuerpo, deriva por generación espontánea de una naturaleza imperfecta, que mejoró continuamente

hasta llegar al estado
humano actual.

Pasajes pertinentes de la *Providentissimus Deus* del Papa León XIII (1893)

Además, el mismo sentido literal admite con frecuencia otros sentidos, adaptados para ilustrar el dogma o para confirmar la moral.

Por eso hay que reconocer que las Sagradas Escrituras están envueltas en una cierta oscuridad religiosa, y que nadie puede penetrar en su interior sin un guía.

San Ireneo estableció hace mucho tiempo que donde estaban los carismas de Dios, allí debía aprenderse la verdad, y que la Sagrada Escritura era interpretada con seguridad por quienes tenían la sucesión apostólica. Su doctrina, y la de otros Santos Padres, es retomada por el Concilio Vaticano, el cual, al renovar el decreto de Trento, declara que su "mente" es ésta: que "en las cosas de fe y costumbres, pertenecientes a la edificación de la doctrina cristiana, se ha de considerar el verdadero sentido de la Sagrada Escritura que ha tenido y tiene nuestra Santa Madre la Iglesia, a quien corresponde juzgar del verdadero sentido e interpretación de las Escrituras; y que, por tanto, a nadie le está permitido interpretar la Sagrada Escritura en contra de dicho sentido o también en contra del acuerdo unánime de los Padres. " Con este sapientísimo decreto, la Iglesia no impide ni restringe en modo alguno la prosecución de la ciencia bíblica, sino que más bien la protege del error y ayuda en gran medida a su verdadero progreso.

El profesor de Sagrada Escritura, por tanto, entre otras recomendaciones, debe conocer bien todo el círculo de la teología y leer profundamente los comentarios de los Santos Padres y Doctores, y de otros intérpretes de la marca.

Esto es inculcado por San Jerónimo, y aún más frecuentemente por San Agustín, quien así se queja justamente: "Si no hay rama de la enseñanza, por humilde y fácil de aprender que sea, que no requiera un maestro, ¿qué puede ser mayor muestra de temeridad y soberbia que negarse a estudiar los Libros de los divinos misterios con la ayuda de quienes los han interpretado?". Los otros Padres han dicho lo mismo, y lo han confirmado con su ejemplo, pues "se esforzaron por adquirir el entendimiento de las Sagradas Escrituras no por sus propias luces e ideas, sino por los escritos y la autoridad de los antiguos, quienes a su vez, como sabemos, recibieron la regla de interpretación en línea directa de los Apóstoles." Los Santos Padres, "a quienes, después de los Apóstoles, la Iglesia debe su crecimiento, quienes la han plantado, regado, edificado, gobernado y cuidado", los Santos Padres, decimos, son de suprema autoridad, siempre que todos ellos interpretan de una y la misma manera cualquier texto de la Biblia, en lo que se refiere a la doctrina de la fe o de la moral; porque su unanimidad evidencia claramente que tal interpretación ha venido de los Apóstoles como una cuestión de fe católica. La opinión de los Padres es también de gran peso cuando tratan estos asuntos en su calidad de doctores, extraoficialmente; no sólo porque sobresalen en su conocimiento de la doctrina revelada y en su conocimiento de muchas cosas que son útiles para entender los Libros apostólicos, sino porque son hombres de eminente santidad y de celo ardiente por la verdad, a quienes Dios ha concedido una medida más amplia de su luz. Por tanto, el expositor debe seguir sus huellas con toda reverencia y aprovechar sus trabajos con inteligente aprecio.

Pero no por eso debe considerar que está prohibido, cuando exista causa justa, llevar la investigación y la exposición más allá de lo que

los Padres han hecho; siempre que observe cuidadosamente la regla
tan sabiamente establecida por San Agustín: no apartarse del sentido
literal y obvio, excepto cuando la razón lo haga insostenible o la
necesidad lo requiera; una regla a la que es más necesario adherirse
estrictamente en estos tiempos, cuando la sed de novedad y la libertad
desenfrenada de pensamiento hacen que el peligro de error sea más real
y próximo.

En segundo lugar, tenemos que contender contra aquellos que,
haciendo un mal uso de la ciencia física, escudriñan minuciosamente
el Libro Sagrado para detectar a los escritores en un error, y aprovechar
la ocasión para vilipendiar su contenido. Ataques de esta clase, que
se refieren a cuestiones de experiencia sensible, son particularmente
peligrosos para las masas, y también para los jóvenes que están
comenzando sus estudios literarios; porque los jóvenes, si pierden
su reverencia por la Sagrada Escritura en uno o más puntos, son
fácilmente inducidos a dejar de creer en ella por completo. No es
necesario señalar cómo la naturaleza de la ciencia, así como está tan
admirablemente adaptada para mostrar la gloria del Gran Creador,
siempre que se enseñe como es debido, si se imparte perversamente
a la inteligencia juvenil, puede resultar muy fatal en la destrucción
de los principios de la verdadera filosofía y en la corrupción de la
moral. Por lo tanto, al profesor de Sagrada Escritura le será de gran
ayuda el conocimiento de la ciencia natural para detectar tales ataques
a los Libros Sagrados, y para refutarlos. En efecto, nunca podrá haber
discrepancia real entre el teólogo y el físico, siempre que cada uno
se limite a sus propias líneas, y ambos tengan cuidado, como nos
advierte San Agustín, "de no hacer afirmaciones temerarias, ni de
afirmar como conocido lo que no se conoce". Si surgieran disensiones
entre ellos, he aquí la regla también establecida por San Agustín,
para el teólogo: "Todo lo que ellos puedan demostrar realmente que

es verdad de la naturaleza física, nosotros debemos demostrar que es capaz de reconciliarse con nuestras Escrituras; y todo lo que ellos afirmen en sus tratados que es contrario a estas Escrituras nuestras, es decir, a la fe católica, nosotros debemos demostrar tan bien como podamos que es enteramente falso, o en todo caso debemos, sin la menor vacilación, creer que lo es." Para comprender cuán justa es la regla aquí formulada debemos recordar, en primer lugar, que los escritores sagrados, o para hablar con más exactitud, el Espíritu Santo "que habló por ellos, no pretendió enseñar a los hombres estas cosas (es decir, la naturaleza esencial de las cosas del universo visible), cosas en modo alguno provechosas para la salvación". Por lo tanto, no trataron de penetrar en los secretos de la naturaleza, sino que describieron y trataron las cosas en un lenguaje más o menos figurado, o en términos que eran de uso común en la época y que en muchos casos son de uso cotidiano en la actualidad, incluso por los hombres más eminentes de la ciencia. El lenguaje ordinario describe principal y propiamente lo que llega a los sentidos; y de la misma manera los escritores sagrados -como también nos recuerda el Doctor Angélico- "se guiaron por lo que aparecía sensiblemente", o pusieron lo que Dios, hablando a los hombres, significaba, en la forma que los hombres podían entender y a la que estaban acostumbrados.

Sin embargo, la defensa inquebrantable de la Sagrada Escritura no exige que sostengamos por igual todas las opiniones que cada uno de los Padres o los intérpretes más recientes han expuesto al explicarla; pues puede ser que, al comentar pasajes en los que ocurren cuestiones físicas, hayan expresado a veces las ideas de su propia época, y hayan hecho así afirmaciones que en estos días han sido abandonadas por incorrectas. Por lo tanto, en sus interpretaciones, debemos observar cuidadosamente lo que establecen como perteneciente a la fe, o como íntimamente relacionado con la fe, aquello en lo que son unánimes.

Porque "en las cosas que no están bajo la obligación de la fe, los santos tenían libertad para sostener opiniones divergentes, como nosotros mismos", según el dicho de Santo Tomás. Y en otro lugar dice admirablemente: "Cuando los filósofos están de acuerdo sobre un punto, y no es contrario a nuestra fe, es más seguro, en mi opinión, ni establecer tal punto como dogma de fe, aunque tal vez así lo presenten los filósofos, ni rechazarlo como contrario a la fe, no sea que demos así a los sabios de este mundo ocasión de despreciar nuestra fe." El intérprete católico, aunque deba mostrar que aquellos hechos de la ciencia natural que los investigadores afirman como ahora bastante ciertos no son contrarios a la Escritura rectamente explicada, debe, sin embargo, tener siempre presente que mucho de lo que se ha tenido y probado como cierto ha sido después puesto en duda y rechazado. Y si los escritores de física se salen de los límites de su propia rama y llevan sus enseñanzas erróneas al dominio de la filosofía, que sean entregados a los filósofos para su refutación.

También puede ocurrir que el sentido de un pasaje siga siendo ambiguo, y en este caso los buenos métodos hermenéuticos ayudarán en gran medida a aclarar la oscuridad. Pero es absolutamente erróneo y prohibido, o limitar la inspiración sólo a ciertas partes de la Sagrada Escritura, o admitir que el escritor sagrado se ha equivocado. Porque no se puede tolerar el sistema de aquellos que, para librarse de estas dificultades, no vacilan en admitir que la inspiración divina se refiere a las cosas de la fe y de las costumbres, y nada más allá, porque (como piensan erróneamente) en la cuestión de la verdad o falsedad de un pasaje, no debemos considerar tanto lo que Dios ha dicho como la razón y el propósito que tuvo en mente al decirlo. Porque todos los libros que la Iglesia recibe como sagrados y canónicos, están escritos entera e íntegramente, con todas sus partes, al dictado del Espíritu Santo; y tan lejos está de ser posible que algún error pueda coexistir con la inspiración, que la inspiración no sólo es esencialmente incompatible con el error, sino que lo excluye y rechaza tan absoluta y necesariamente como es imposible que Dios mismo, la Verdad suprema, pueda pronunciar lo que no es verdad. Esta es la antigua e inmutable fe de la Iglesia, solemnemente definida en los Concilios de Florencia y de Trento, y finalmente confirmada y formulada más expresamente por el Concilio Vaticano. Estas son las palabras del último:

"Los Libros del Antiguo y Nuevo Testamento, enteros y completos, con todas sus partes, tal como se enumeran en el decreto del mismo Concilio (Trento) y en la antigua Vulgata latina, deben ser recibidos como sagrados y canónicos. Y la Iglesia las tiene por sagradas y canónicas, no porque, habiendo sido compuestas por industria humana, hayan sido después aprobadas por su autoridad; ni sólo porque contengan revelación sin error; sino porque, habiendo sido escritas bajo la inspiración del Espíritu Santo, tienen a Dios por autor". Así, pues, porque el Espíritu Santo empleó a hombres como instrumentos suyos, no podemos decir que fueron estos instrumentos inspirados los que, por ventura, cayeron en error, y no el autor primario. Porque, por poder sobrenatural, les movió e impulsó de tal modo a escribir -estaba tan presente en ellos- que las cosas que Él ordenaba, y sólo esas, ellos, primero, las entendieron correctamente, luego quisieron escribirlas fielmente, y finalmente las expresaron con palabras aptas y con verdad infalible. De lo contrario, no podría decirse que Él fue el Autor de toda la Escritura. Tal ha sido siempre la convicción de los Padres. "Por tanto", dice San Agustín, "puesto que ellos escribieron las cosas que Él les mostró y pronunció, no puede pretenderse que Él no sea el escritor; porque sus miembros ejecutaron lo que su Cabeza les dictó". Y San Gregorio Magno se pronuncia así: "Muy superfluo es preguntar quién escribió estas cosas: creemos lealmente que el Espíritu Santo es el Autor del libro. Lo escribió Quien lo dictó para ser escrito; lo escribió Quien inspiró su ejecución".

De aquí se sigue que quienes sostienen que es posible un error en cualquier pasaje genuino de las sagradas escrituras, o pervierten la noción católica de inspiración, o hacen a Dios autor de tal error. Y tan enfáticamente estaban de acuerdo todos los Padres y Doctores en que las escrituras divinas, tal como las dejaron los hagiógrafos, están libres de todo error, que trabajaron arduamente, con no menos habilidad que reverencia, para reconciliar entre sí aquellos numerosos pasajes que parecen estar en desacuerdo, los mismos pasajes que en gran medida han sido tomados por la "crítica superior"; "pues unánimemente afirmaban que esos escritos, en su totalidad y en todas sus partes, procedían igualmente del aflato de Dios Todopoderoso, y que Dios, hablando por medio de los escritores sagrados, no podía establecer otra cosa que lo que era verdad. Las palabras de San Agustín a San Jerónimo pueden resumir lo que enseñaban: "Por mi parte confieso a vuestra caridad que sólo a los Libros de la Escritura que ahora se llaman canónicos he aprendido a rendir tal honor y reverencia como para creer firmemente que ninguno de sus escritores ha caído en error alguno. Y si en estos Libros encuentro algo que parezca contrario a la verdad, no vacilaré en concluir o que el texto es defectuoso, o que el traductor no ha expresado el sentido del pasaje, o que yo mismo no lo entiendo."

Para que todos estos esfuerzos resulten realmente ventajosos a la causa de la Biblia, que los eruditos se atengan firmemente a los principios que hemos expuesto en esta Carta. Que sostengan lealmente que Dios, el Creador y Gobernante de todas las cosas, es también el Autor de las Escrituras, y que, por lo tanto, no se puede probar nada, ni por la ciencia física ni por la arqueología, que pueda contradecir realmente las Escrituras.

Con el paso del tiempo, las opiniones erróneas mueren y desaparecen; pero "la verdad permanece y se fortalece por los siglos de los siglos". Por lo tanto, como nadie debe ser tan presuntuoso como para pensar que entiende toda la Escritura, en la que el mismo San Agustín confesó que era más lo que no sabía, que lo que sabía, [ ] así, si se encontrara con algo que pareciera incapaz de solución, debe tomar en serio la cautelosa regla del mismo santo Doctor: "Es mejor incluso ser oprimido por signos desconocidos pero útiles, que interpretarlos inútilmente y así librarse del yugo sólo para ser atrapado en la trampa del error".

Decisiones pertinentes de la Pontificia Comisión Bíblica (1909)

Sobre el carácter histórico de los tres primeros capítulos del Génesis

- Los diversos sistemas exegéticos, elaborados y defendidos por "una ciencia falsamente llamada", que excluyen el sentido histórico literal del Génesis 1-3 no se basan en argumentos sólidos.

- Génesis 1-3 contiene la narración de cosas que sucedieron realmente y corresponde a la verdad objetiva y a la realidad histórica. No contienen fábulas derivadas de mitologías y cosmologías pertenecientes a naciones más antiguas purificadas del error politeísta y acomodadas al pensamiento monoteísta. No contienen alegorías y símbolos desprovistos de todo fundamento en la realidad objetiva y presentados bajo el ropaje de la historia con el propósito de inculcar la verdad religiosa. No contienen leyendas, en parte históricas y en parte ficticias, que se manejan libremente para la instrucción y edificación de las almas.

- Los católicos no pueden cuestionar el sentido literal e histórico del Génesis 1-3 en relación con los hechos que allí se narran y que pertenecen a enseñanzas fundamentales de la fe católica. Por ejemplo

  - la creación de todas las cosas por Dios al principio de los tiempos

  - la creación especial del hombre

  - la formación de la primera mujer a partir del hombre

  - la unidad del género humano

  - la felicidad original de nuestros primeros padres en un estado de justicia, integridad e inmortalidad

  - el mandato divino impuesto al hombre para probar su obediencia

  - la transgresión de ese mandato divino por instigación del demonio en forma de serpiente

  - la caída de nuestros primeros padres de su primitivo estado de inocencia

  - la promesa de un Redentor futuro

- Los católicos pueden defender opiniones prudentes en la interpretación de aquellos pasajes del Génesis 1-3 que los Padres han interpretado de diversas maneras sin dejarnos nada definido o cierto.

- No es necesario interpretar cada palabra y frase del Génesis 1-3 en un "sentido literal propio". Es lícito desviarse del "sentido literal propio" cuando las expresiones se usan "manifiestamente" en sentido figurado (es decir, metafórica o antropomórficamente) y cuando la razón nos prohíbe sostenerlo, o la necesidad nos impele a apartarnos de él.

- Se pueden aplicar prudente y útilmente interpretaciones alegóricas y proféticas de ciertos pasajes del Génesis 1-3, concediendo siempre el sentido literal e histórico.

- No siempre hay que buscar la exactitud científica de la expresión al interpretar Génesis 1-3, porque la intención del autor sagrado no era enseñarnos de manera científica la naturaleza íntima de las cosas y el orden completo de la creación. Se trataba más bien de proporcionar un relato popular adaptado a los sentidos y a la inteligencia del hombre en el lenguaje común de la época.

- La palabra hebrea *yom*, que se usa en Génesis 1 para describir y distinguir los seis días de la creación, puede tomarse como un "día natural" o como "que significa un cierto espacio de tiempo". Se permite a los intérpretes la libre discusión de esta cuestión. [Para una interpretación coherente de esta decisión, véase del autor *Las doctrinas del Génesis 1-11*, pp. 170-71.].

Pasajes pertinentes de *la Dei Verbum* del Concilio Vaticano II (1965)

11. Las realidades divinamente reveladas, contenidas y presentadas en la Sagrada Escritura, han sido puestas por escrito bajo la inspiración del Espíritu Santo. Pues la santa madre Iglesia, apoyándose en la creencia de los Apóstoles (cfr. Jn 20, 31; 2 Tim 3, 16; 2 Pe 1, 19-21; 3, 15-16), sostiene que los libros del Antiguo y del Nuevo Testamento en su totalidad, con todas sus partes, son sagrados y canónicos porque, escritos bajo la inspiración del Espíritu Santo, tienen a Dios por autor y han sido transmitidos tales a la Iglesia misma. Al componer los libros sagrados, Dios eligió a los hombres y, mientras estuvieron empleados por Él, hicieron uso de sus poderes y habilidades, de modo que, actuando Él en ellos y por medio de ellos, ellos, como verdaderos autores, consignaron por escrito todo y sólo aquello que Él quiso.

Por lo tanto, puesto que todo lo afirmado por los autores inspirados o escritores sagrados debe ser considerado como afirmado por el Espíritu Santo, se deduce que los libros de la Escritura deben ser reconocidos como enseñando sólidamente, fielmente y sin error aquella verdad que Dios quiso poner en los escritos sagrados [1] para el bien de nuestra salvación. [Traducción de Flannery: Puesto que, por lo tanto, todo lo que afirman los autores inspirados, o escritores sagrados, debe ser considerado como afirmado por el Espíritu Santo, debemos reconocer que los libros de la Escritura, con firmeza, fidelidad y sin error, enseñan esa verdad que Dios, por el bien de nuestra salvación, quiso ver confiada a las Sagradas Escrituras. [1]] Por tanto, "toda la Escritura es de inspiración divina y tiene su utilidad para enseñar la verdad y refutar el error, para reformar las costumbres y disciplinar en la vida recta, a fin de que el hombre que pertenece a Dios sea eficiente y esté equipado para toda clase de buenas obras" (2 Tim. 3, 16-17, texto griego).

[1] Cf. San Agustín, *Gen. ad Litt.* 2, 9, 20: PL 34, 270-271; Epístola 82, 3: PL 33, 277: CSEL 34, 2, p. 354; Santo Tomás, "Sobre la verdad",

Q.12, A.2, C; Concilio de Trento, sesión IV, Cánones escriturísticos: Denzinger 783 (1501); León XIII, Carta Encíclica *Providentissimus Deus*: EB 121, 124; Pío XII, Carta Encíclica *Divino Afflante Spiritu*: EB 539.

14. Al planear y preparar cuidadosamente la salvación de todo el género humano, el Dios de amor infinito, por una dispensación especial, escogió para Sí un pueblo al que confiaría sus promesas. Primero celebró una alianza con Abrahán (cfr. Gn 15,18) y, por medio de Moisés, con el pueblo de Israel (cfr. Ex 24,8). A este pueblo que había adquirido para Sí, se manifestó de tal manera, mediante palabras y hechos, como el único Dios vivo y verdadero, que Israel llegó a conocer por experiencia los caminos de Dios con los hombres. Luego, también, cuando Dios mismo les habló por boca de los profetas, Israel adquirió cada día una comprensión más profunda y clara de Sus caminos y los dio a conocer más ampliamente entre las naciones (ver Sal. 21:29; 95:1-3; Is. 2:1-4; Jer. 3:17). El plan de salvación predicho por los autores sagrados, relatado y explicado por ellos, se encuentra como la verdadera Palabra de Dios en los libros del Antiguo Testamento: estos libros, por tanto, escritos bajo inspiración divina, para que por la constancia y el aliento de las Escrituras tengamos esperanza" (Rom. 15:4)